王再林書畫作品

Collection de Calligraphies et Peintures Chinoises de Wang Zailin

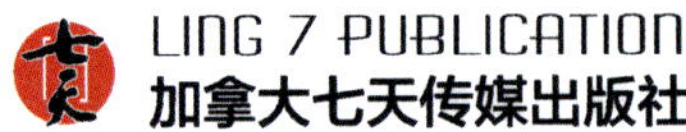

592 rue Grégory, Greenfield Park, Quebec, J4V 1T6, Canada

ISBN: 978-1-7779214-2-2

Première publication Ling 7 édition juillet 2023.
Ling 7 Publication est une marque déposée de Qi Tian Communication Inc.

Auteur : WANG Zailin
Éditrice : YIN Ling
Conception graphique / Mise en page : HUANG Dehao

作者: 王再林
出版人: 尹灵
装帧设计 / 排版: 黄德昊

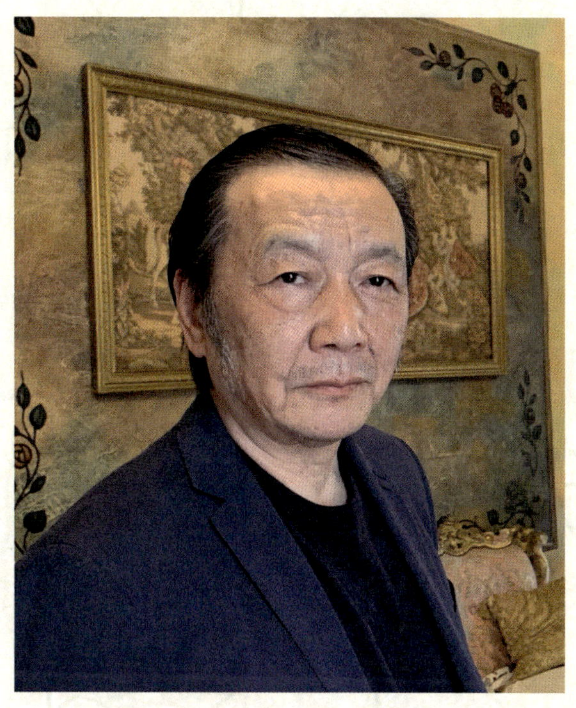

Wang Zailin

basé à Montréal, est un entrepreneur, collectionneur, peintre et calligraphe sino-canadien, et le président de l'Association du Zhejiang du Canada, vice-président de l'Association canadienne d'échange culturel «Lanting» (Calligraphie et peintures). Ses calligraphies et peintures ont été collectionnées par de nombreuses institutions canadiennes et des personnalités renommées et exposées lors de nombreux événements caritatifs et sociaux. Les collectionneurs comprennent l'ancien ambassadeur du Canada en Chine, M. Guy St-Jacques; le Consulat général de Chine à Montréal; la ministre fédérale de la promotion des exportations, du commerce international et du développement économique Mme Mary Ng; l'ancien ministre de la Santé du Québec, M. Gaetan Barrette; la mairesse de Westmount, Mme Christina Smith, ainsi que la Fondation de l'Hôpital chinois de Montréal; le Club Rotary du Vieux-Montréal; le festival de bateaux-dragons de Montréal, la Banque Royale du Canada, le concert mondial du compositeur Wang Liping, le concours mondial de chant chinois « Water Cube Cup », le Comité de collecte de fonds de la communauté chinoise d'Ottawa pour le Centre Glebe et autres événements notables.

王再林，号西山逸士，企业家、收藏家、书画家，加拿大浙江同乡会会长，加拿大兰亭文化交流协会常务理事、副会长。现居蒙特利尔。

其书画作品曾被加拿大多个机构和个人收藏，包括但不限于加拿大驻中国前大使赵朴、中国驻蒙特利尔总领馆、联邦出口促进、国际贸易及经济发展部长伍凤仪、魁省前卫生厅长 Gaetan Barrette、西山市市长 Christina Smith、皇家银行等。

画家热心公益，曾为蒙特利尔中华医院基金会、扶轮社老蒙特利尔分会、蒙特利尔国际龙舟文化节、王立平作品全球演唱会、"水立方"杯全球华人歌唱大赛、渥太华华人社区 Glebe 中心慈善筹款委员会等机构及活动捐赠画作。

国画

松鹤延年

peinture traditionnelle chinoise

Pins et grues

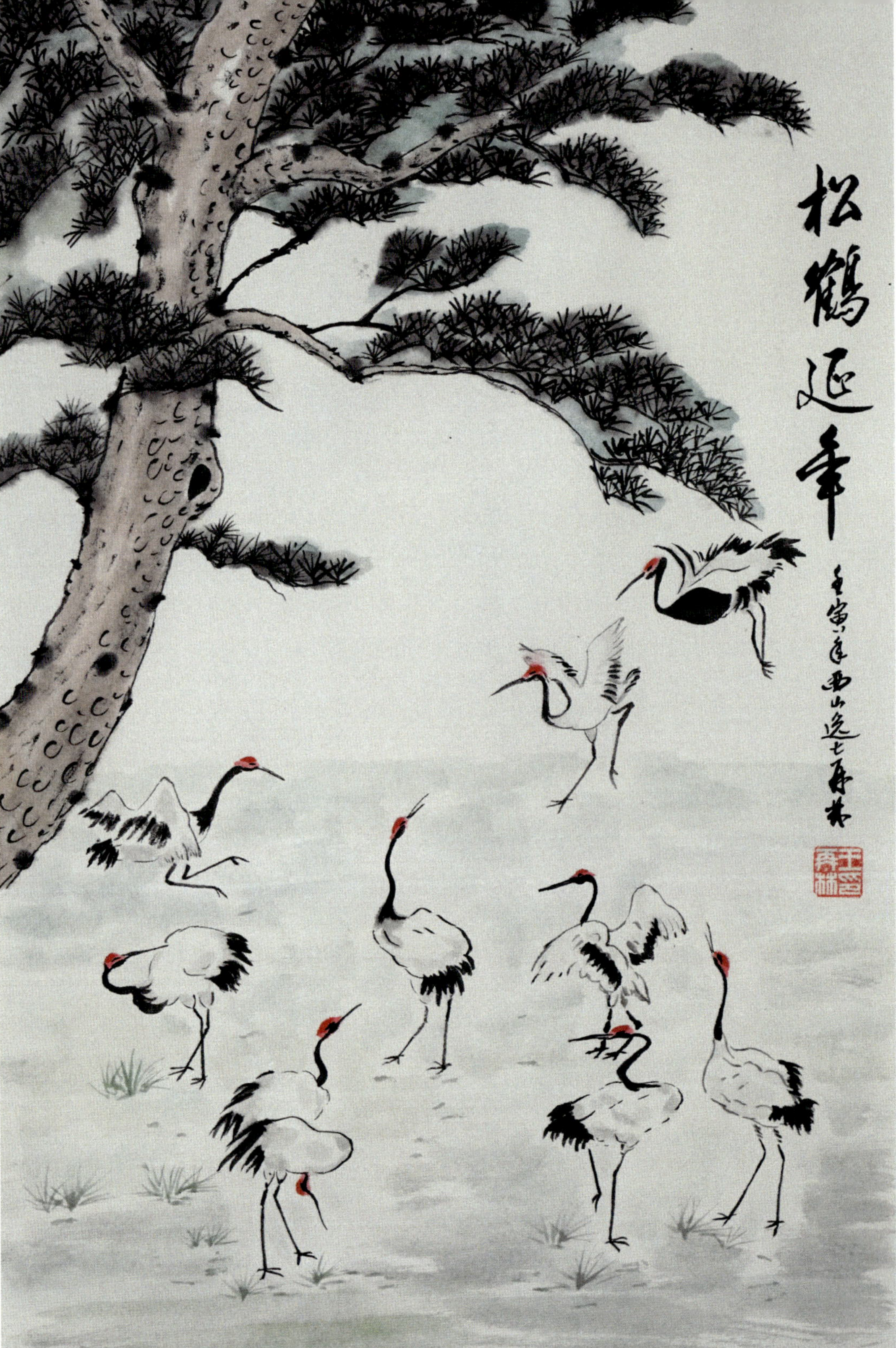

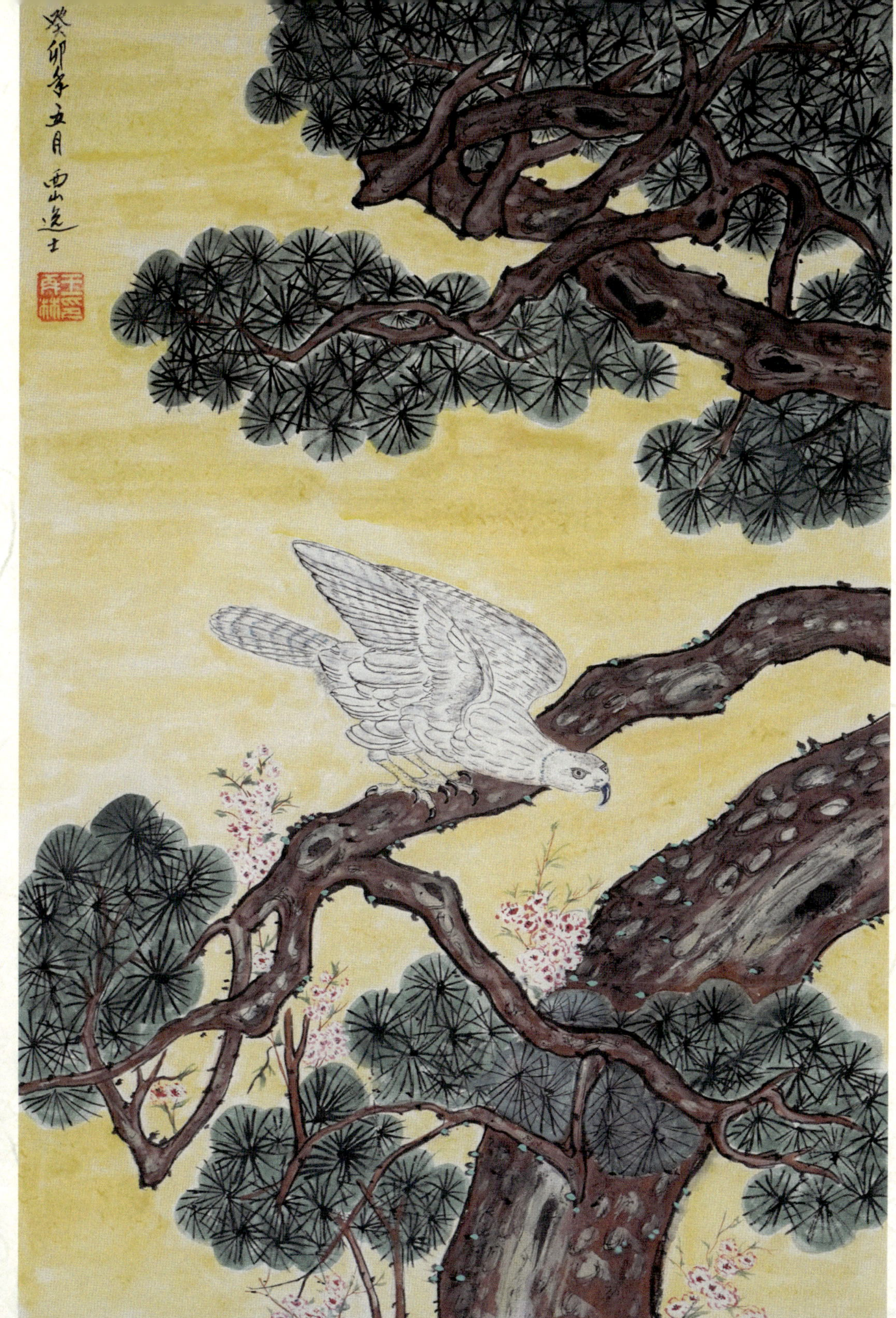

国画
松 其一

peinture traditionnelle chinoise

Pin - 1

国画

松

其二

peinture traditionnelle chinoise

Pin - 2

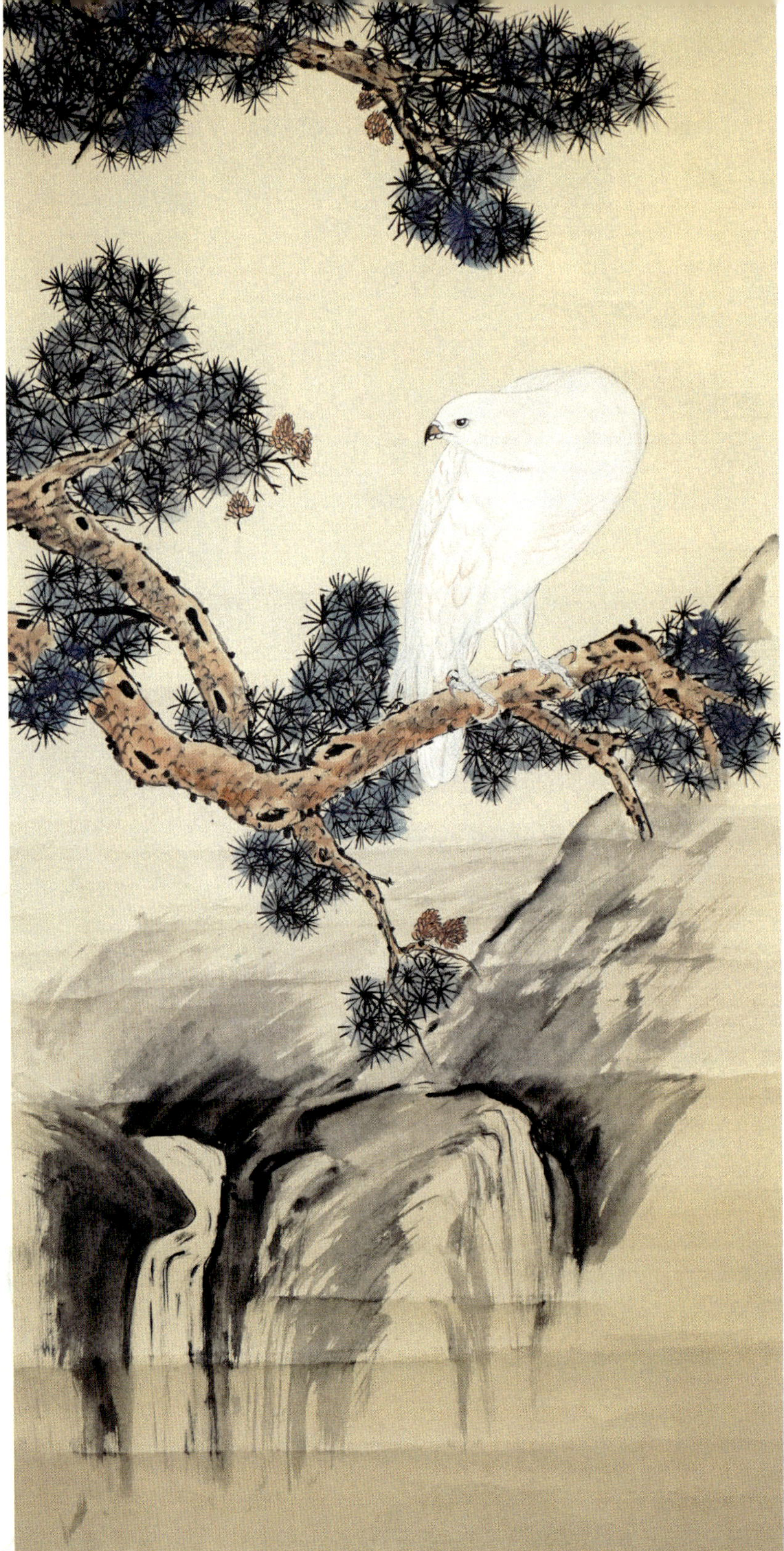

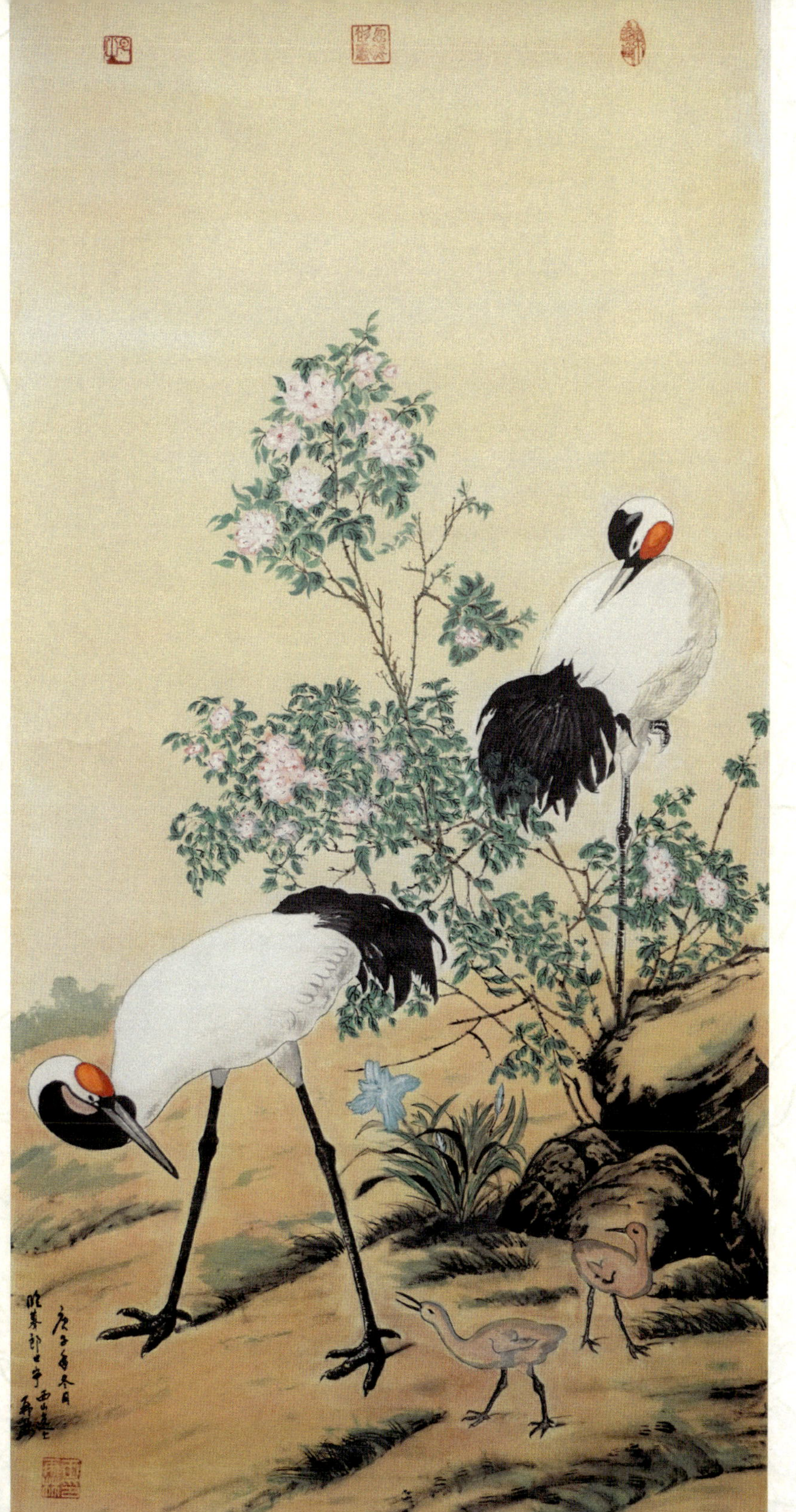

国画

仙鹤

peinture traditionnelle chinoise

Les grues

国画

雪松

peinture traditionnelle chinoise

Cèdre enneigé

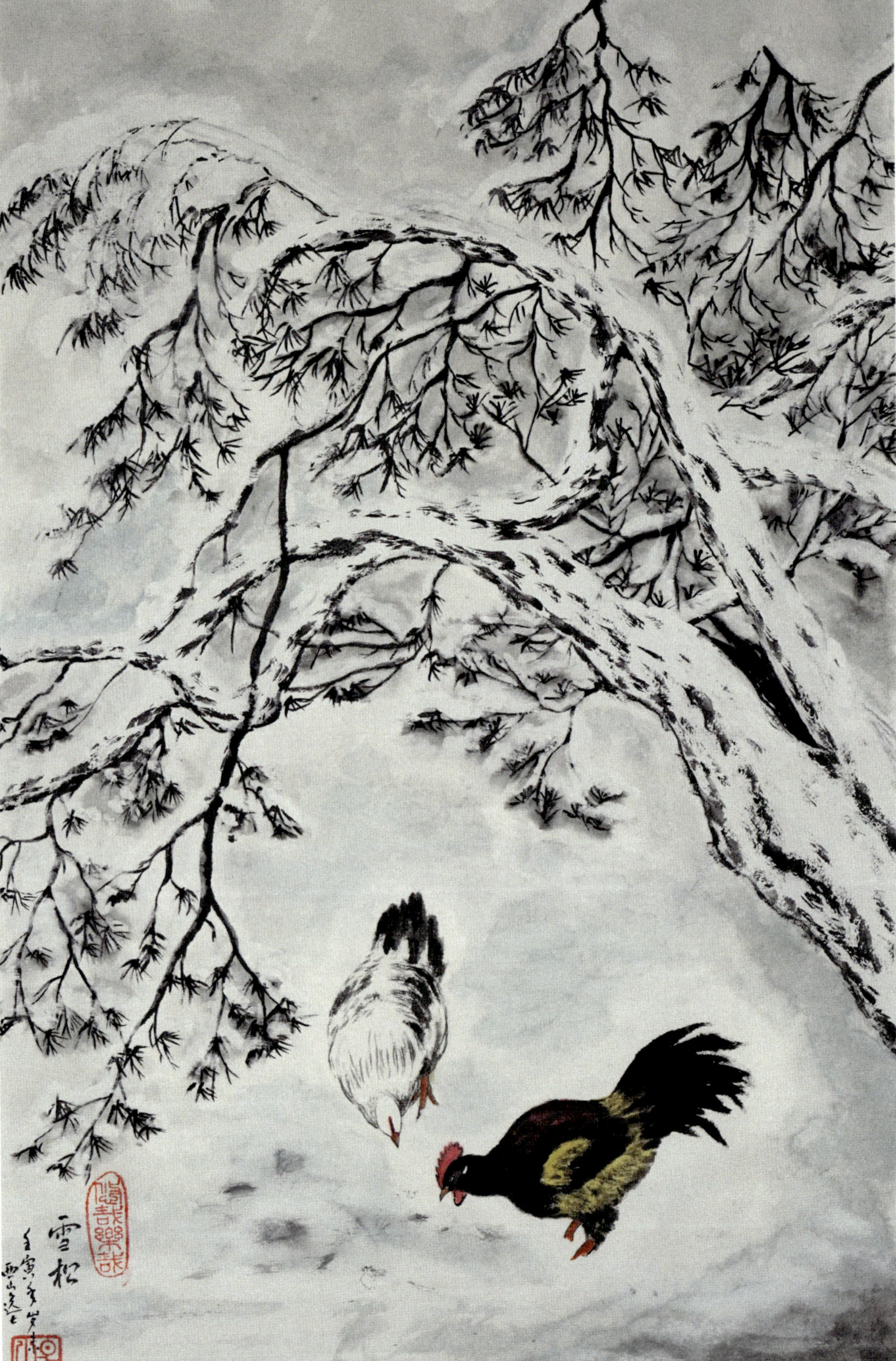

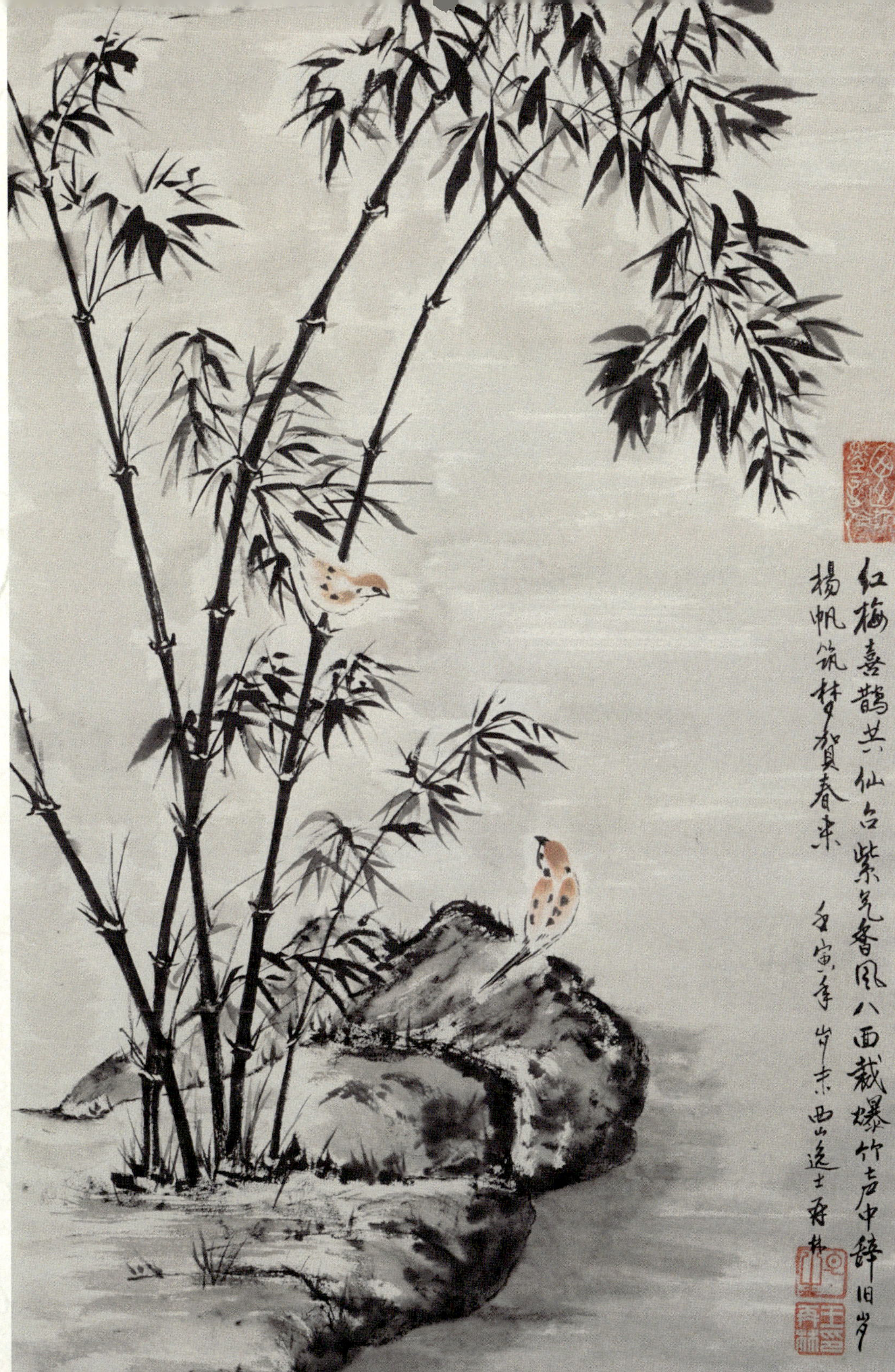

国画

贺春

peinture traditionnelle chinoise

Célébrer le printemps

国画

春来水暖鸟先知

peinture traditionnelle chinoise

Pie sur l'arbre

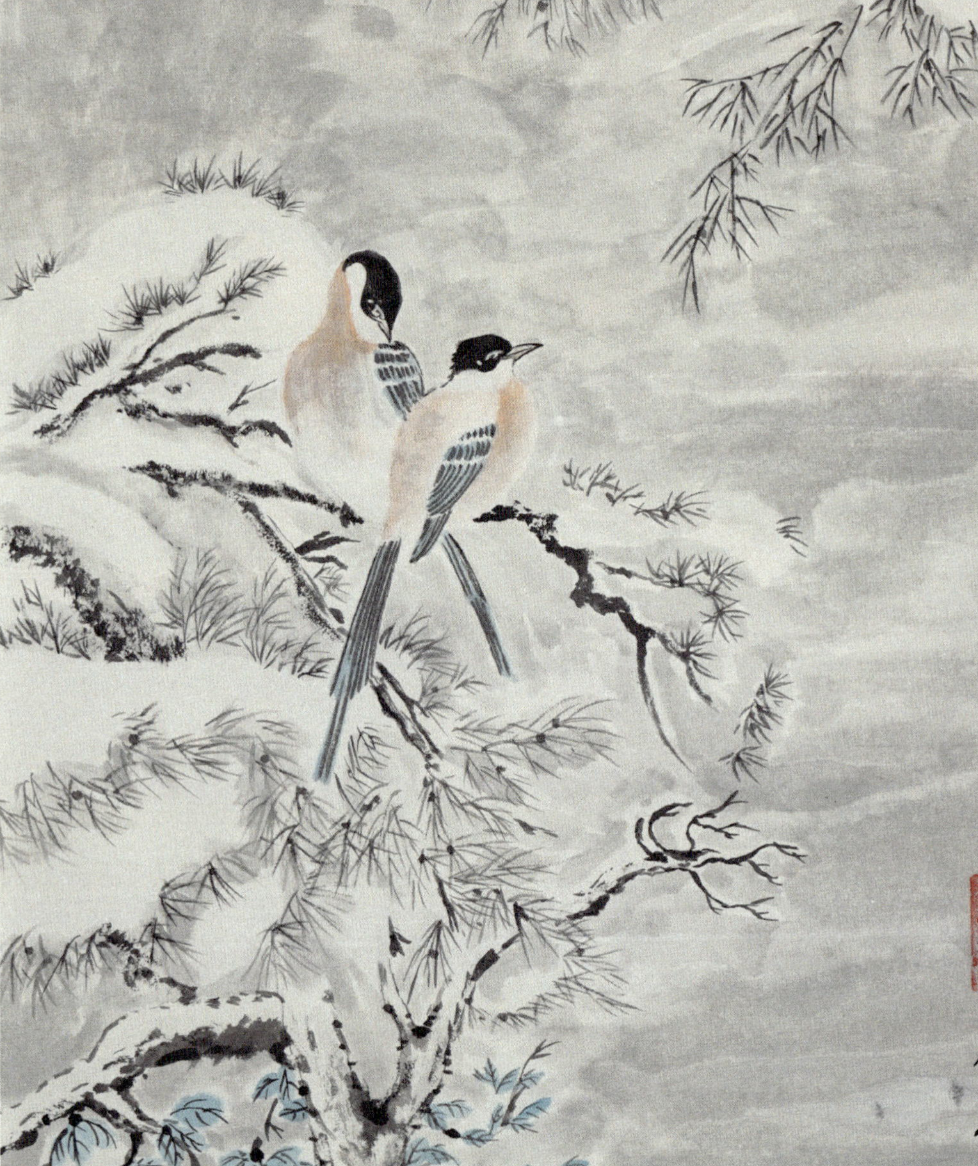

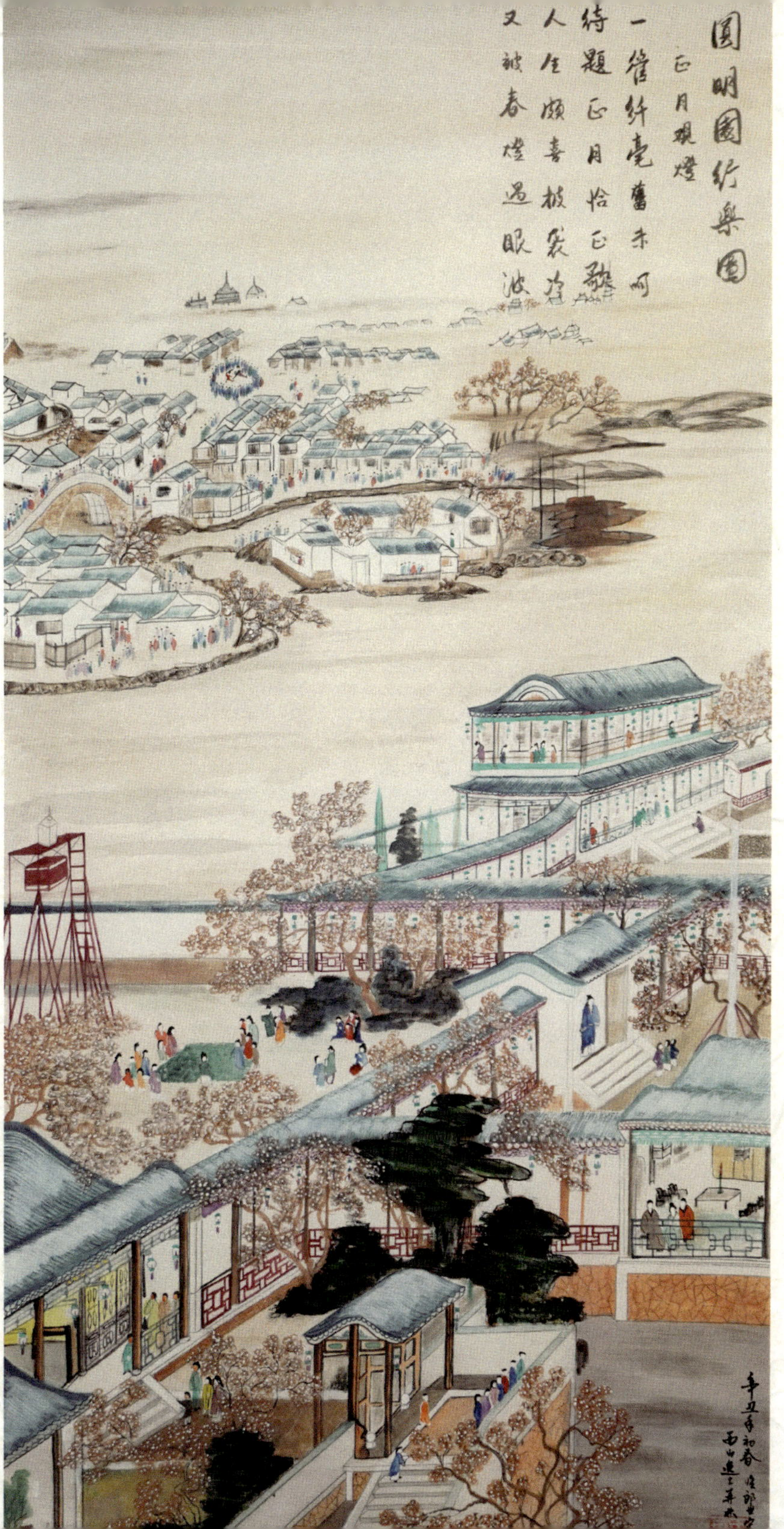

国画

圆明园行乐图
正月观灯

peinture traditionnelle chinoise

Canaval dans
le Jardin impérial
Yuan Ming Yuan
Janvier

国画

圆明园行乐图
二月踏春

peinture traditionnelle chinoise

Canaval dans
le Jardin impérial
Yuan Ming Yuan
Février

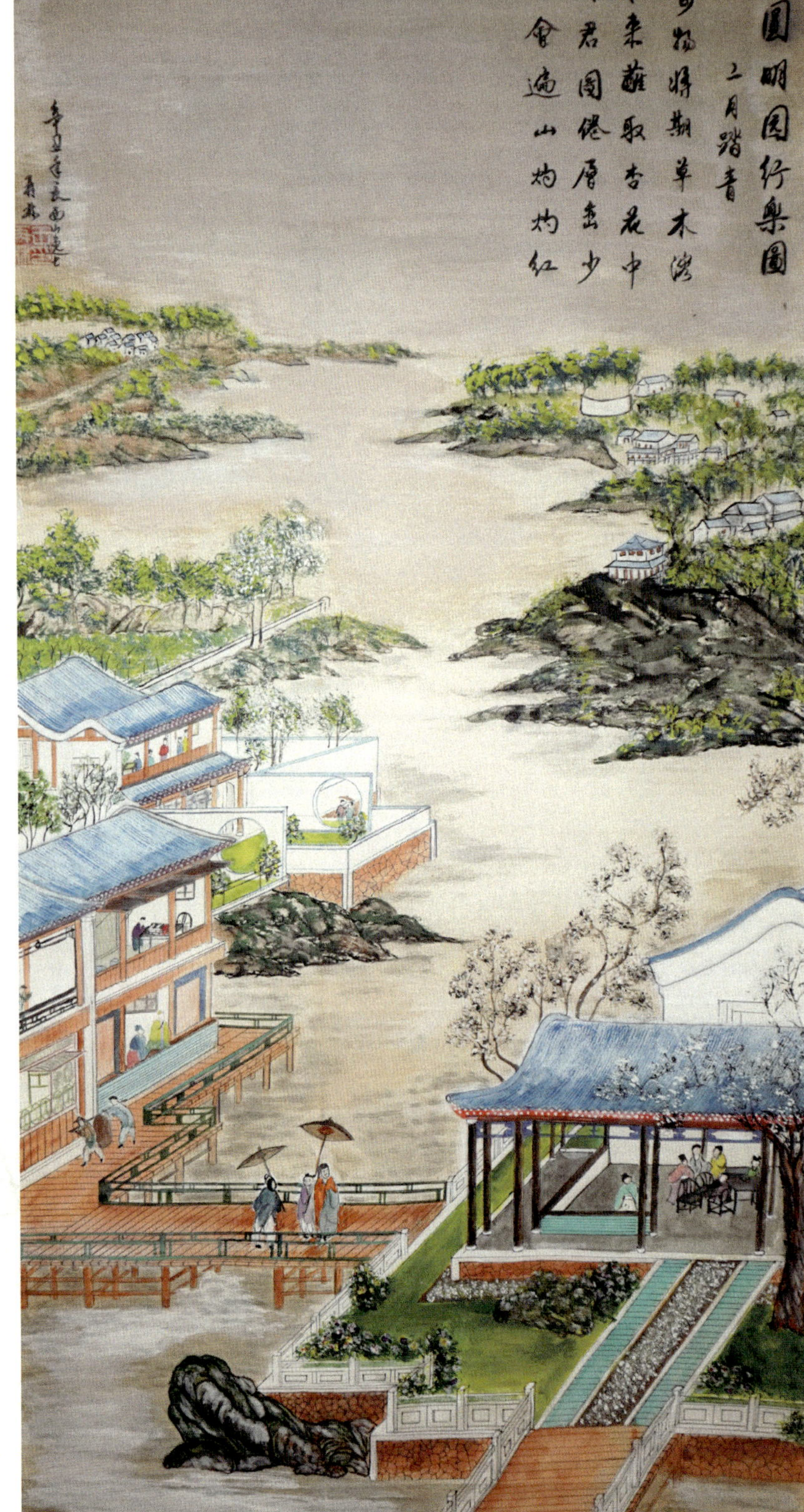

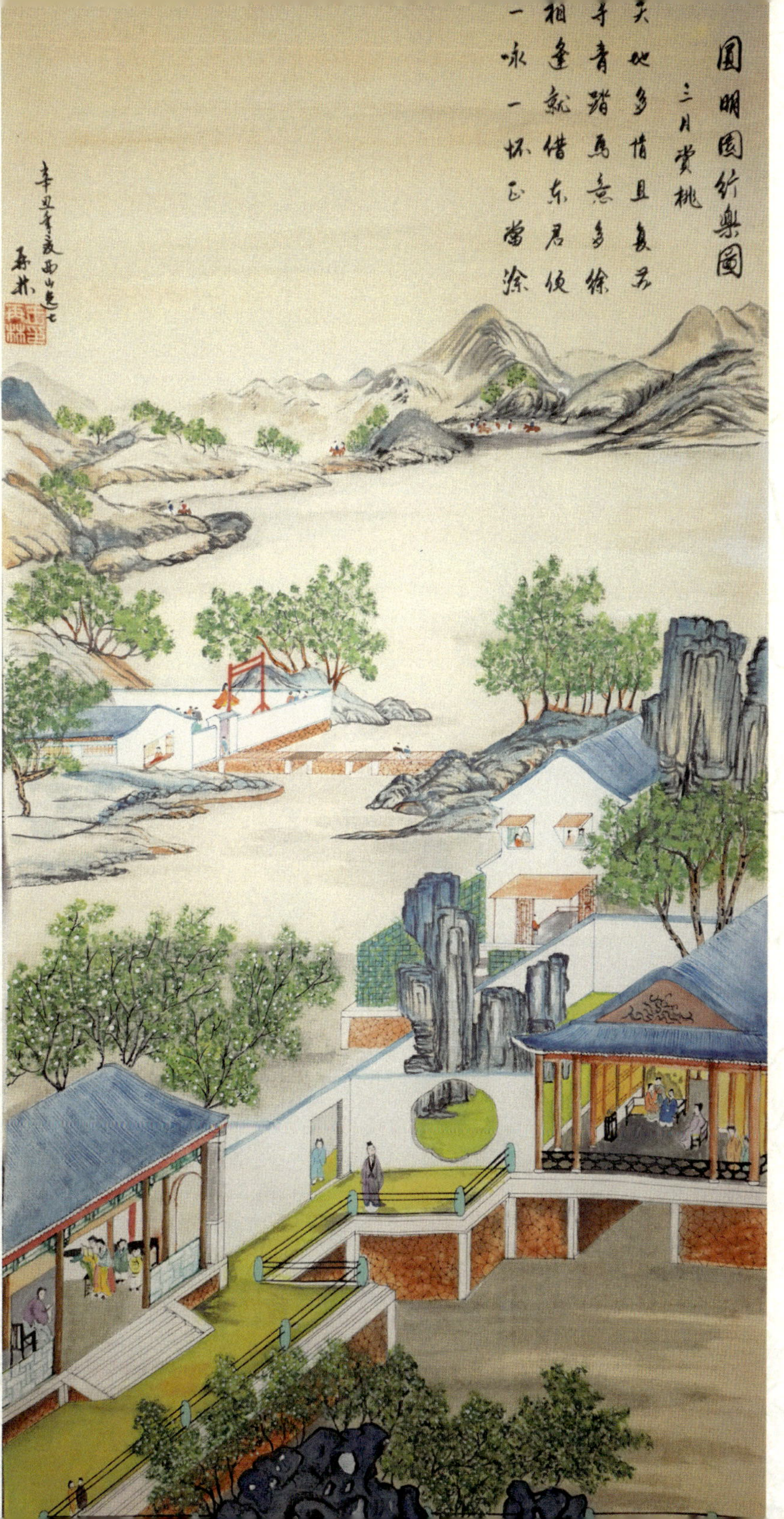

国画

圆明园行乐图
三月赏桃

peinture traditionnelle chinoise

Canaval dans
le Jardin impérial
Yuan Ming Yuan
Mars

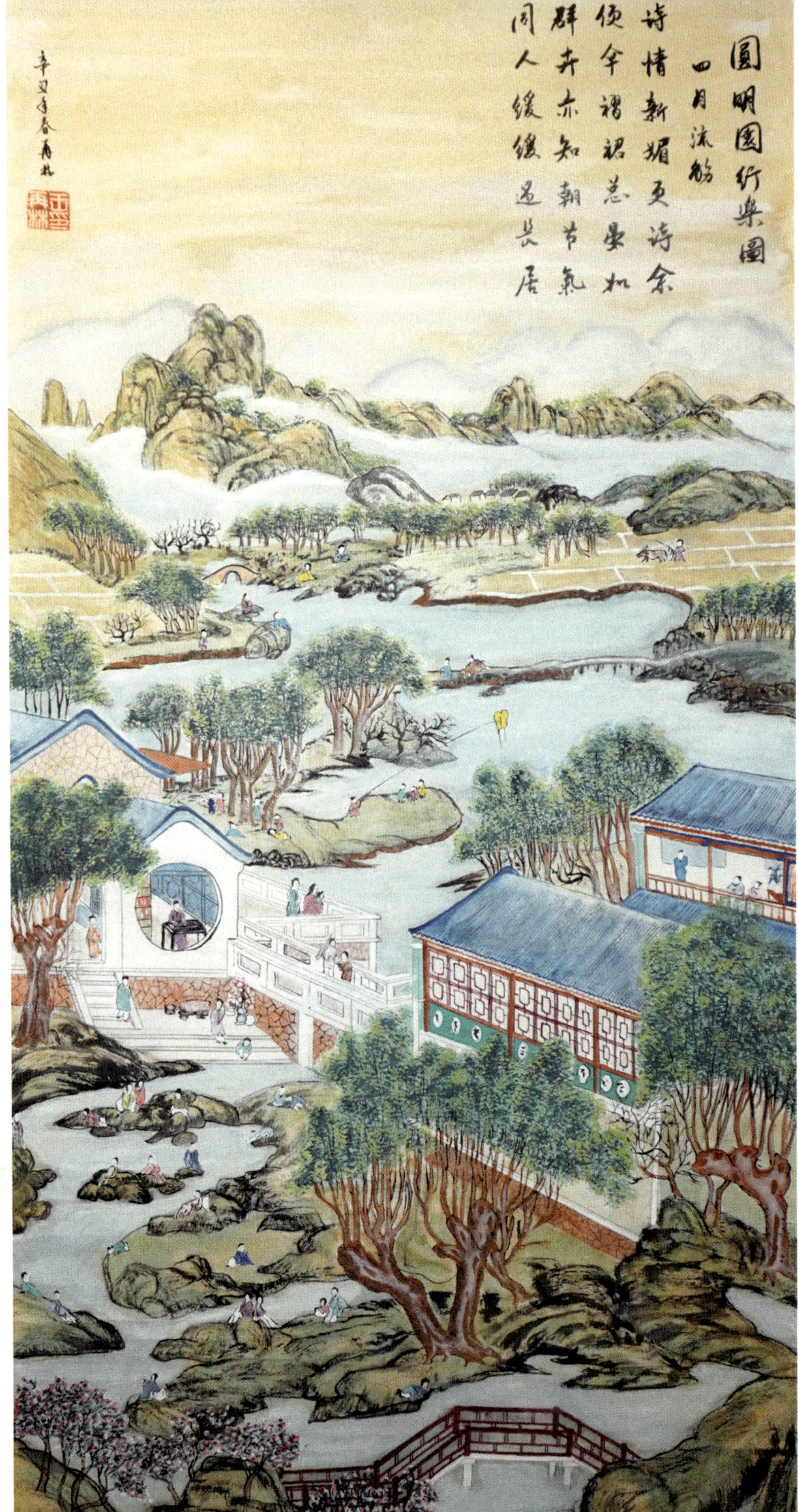

国画

圆明园行乐图
四月流船

peinture traditionnelle chinoise

Canaval dans
le Jardin impérial
Yuan Ming Yuan
Avril

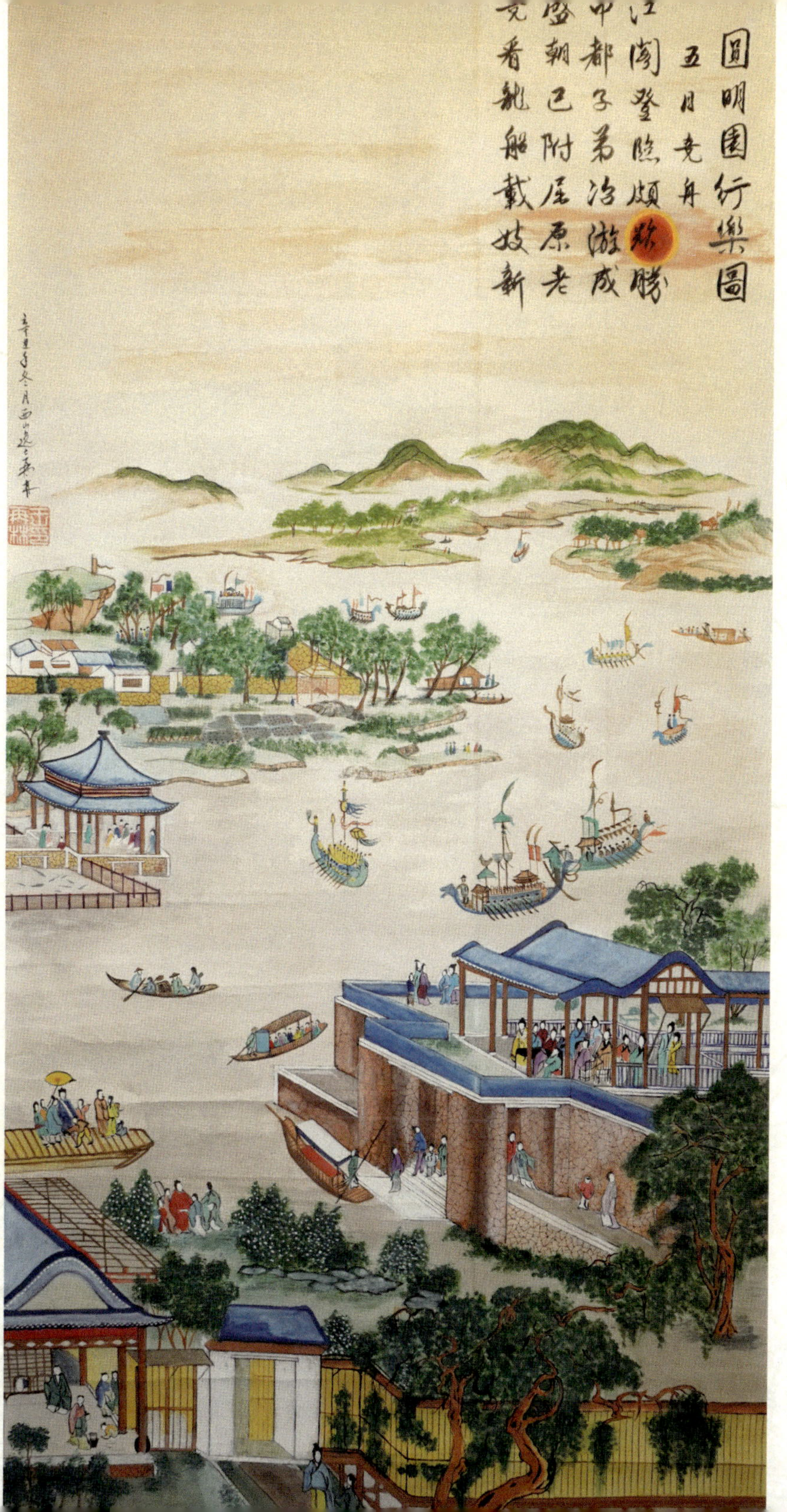

国画

圆明园行乐图
五月竞舟

peinture traditionnelle chinoise

Canaval dans
le Jardin impérial
Yuan Ming Yuan
Mai

国画

圆明园行乐图
六月纳凉

peinture traditionnelle chinoise

Canaval dans
le Jardin impérial
Yuan Ming Yuan
Juin

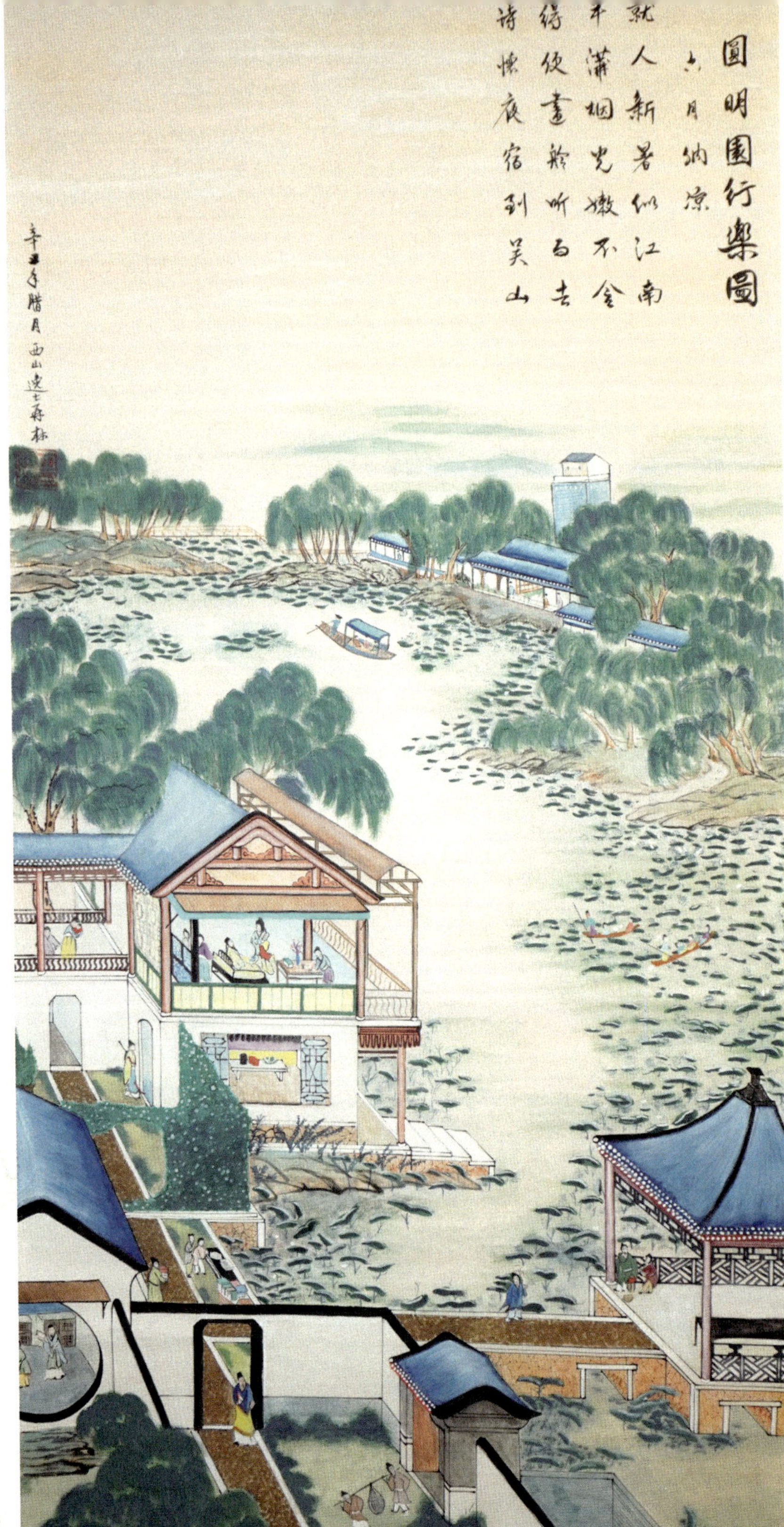

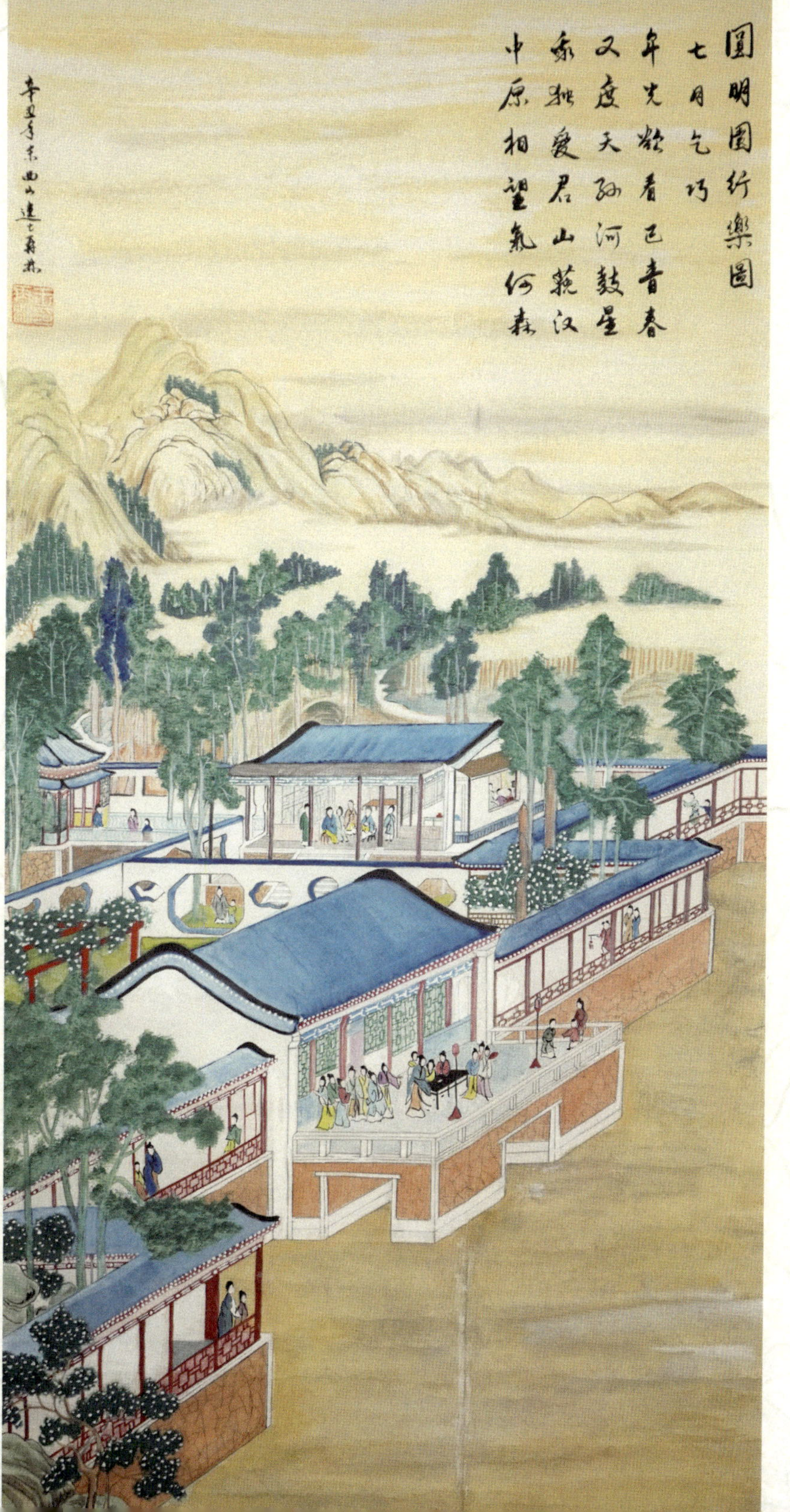

国画

圆明园行乐图
七月乞巧

peinture traditionnelle chinoise

Canaval dans
le Jardin impérial
Yuan Ming Yuan
Juillet

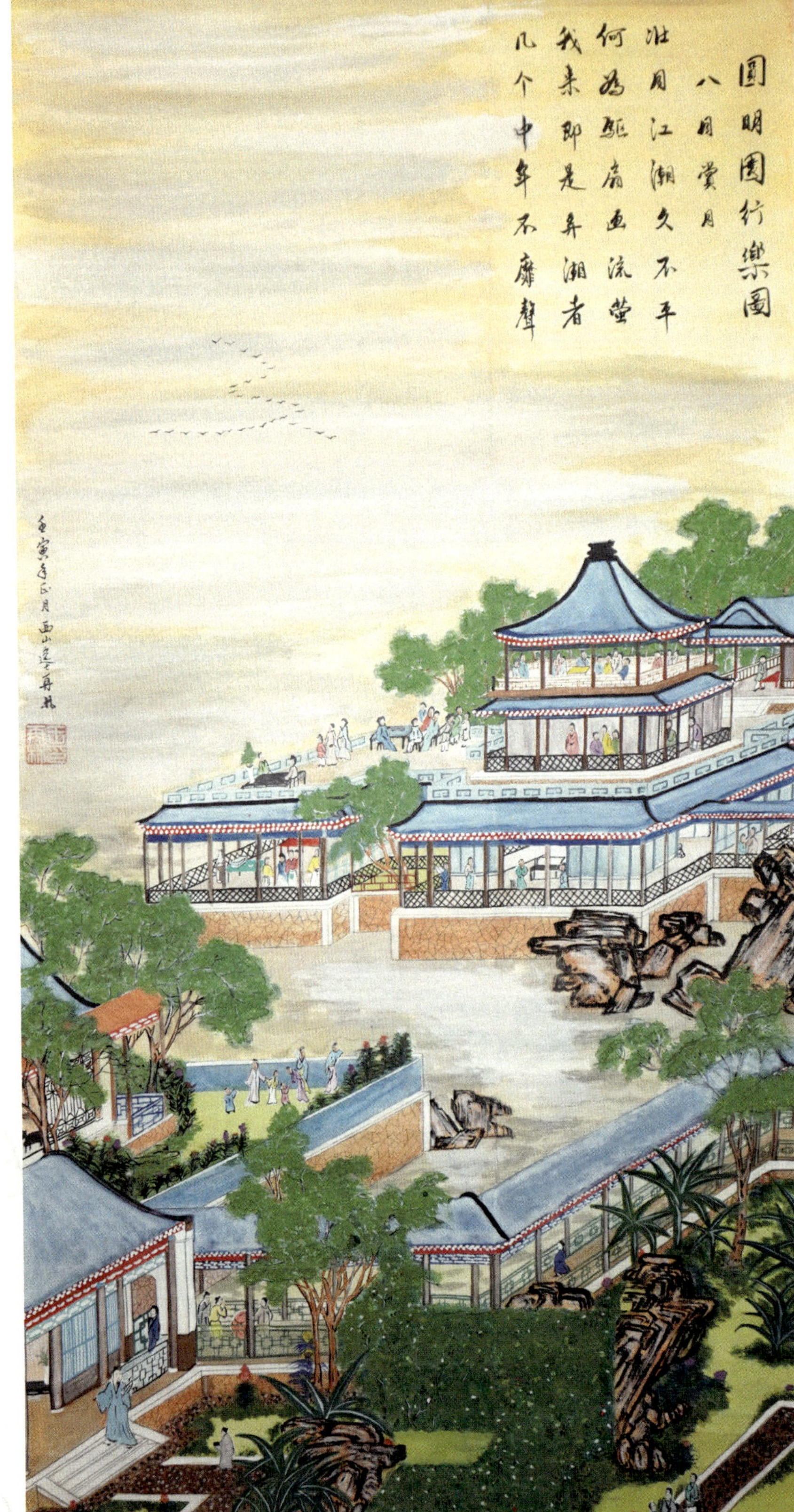

国画

圆明园行乐图
八月赏月

peinture traditionnelle chinoise

Canaval dans
le Jardin impérial
Yuan Ming Yuan
Août

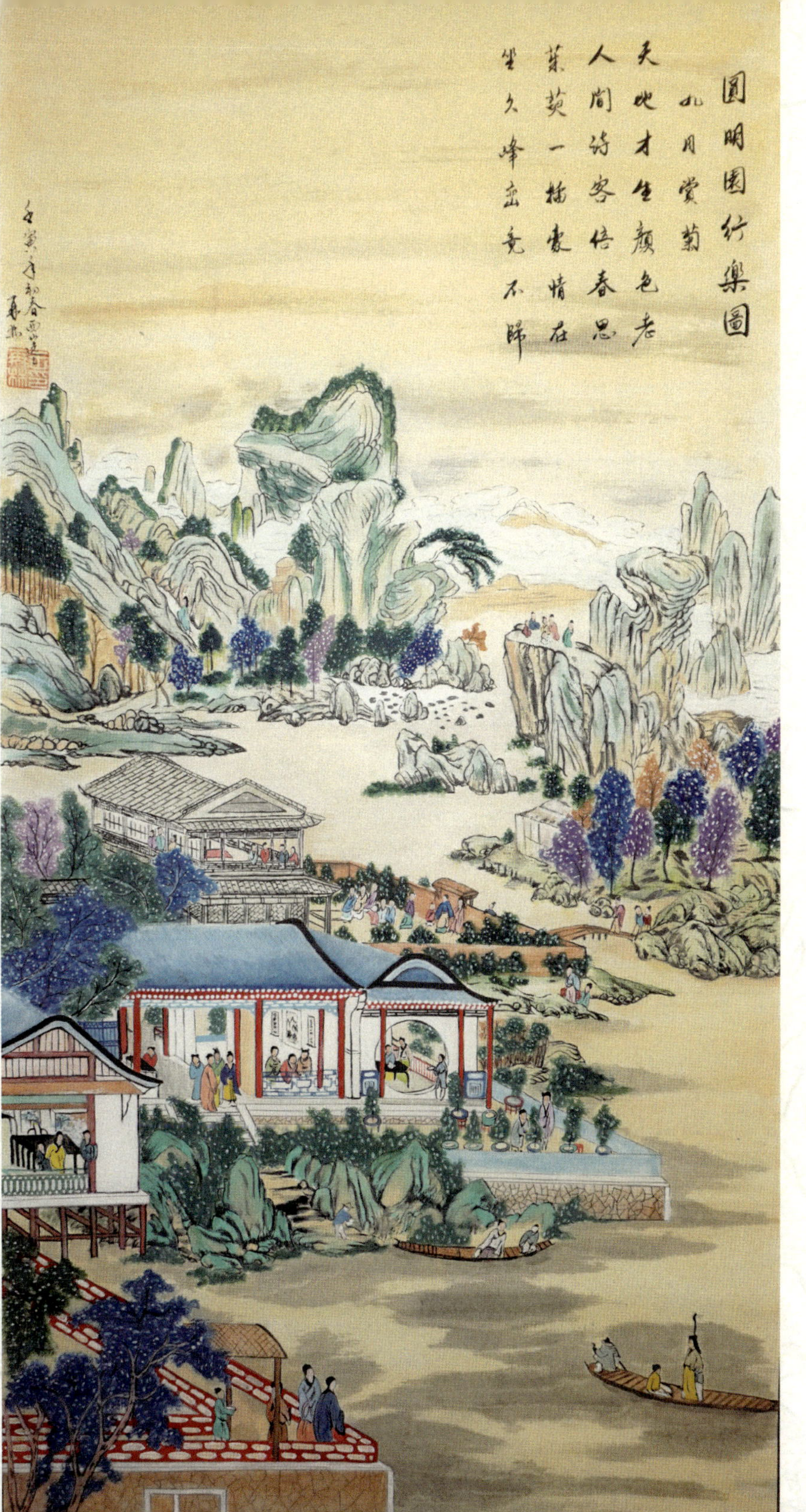

国画

圆明园行乐图
九月赏菊

peinture traditionnelle chinoise

Canaval dans
le Jardin impérial
Yuan Ming Yuan
Septembre

国画

圆明园行乐图
十月画像

peinture traditionnelle chinoise

Canaval dans
le Jardin impérial
Yuan Ming Yuan
Octobre

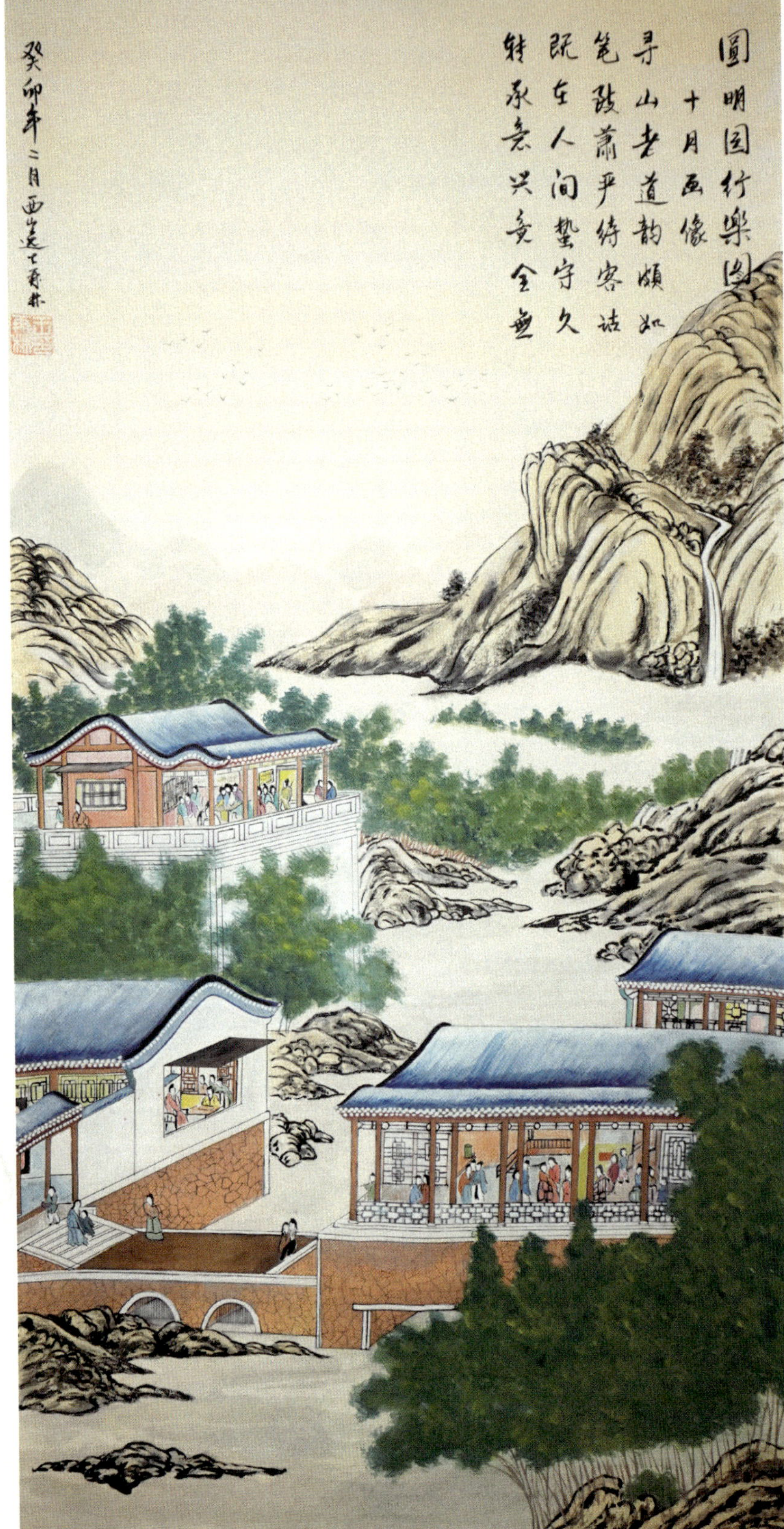

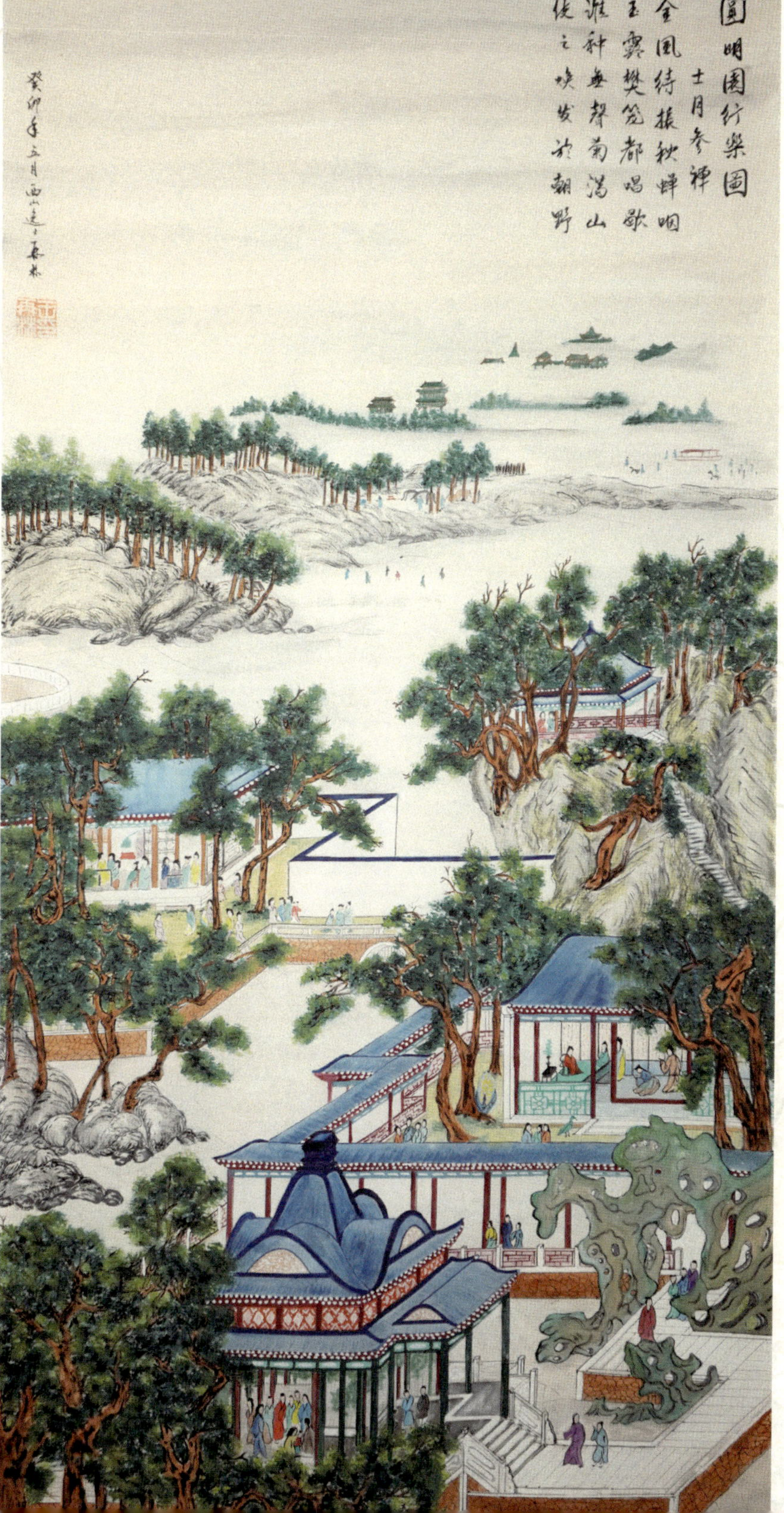

国画

圆明园行乐图
十一月参禅

peinture traditionnelle chinoise

Canaval dans
le Jardin impérial
Yuan Ming Yuan
Novembre

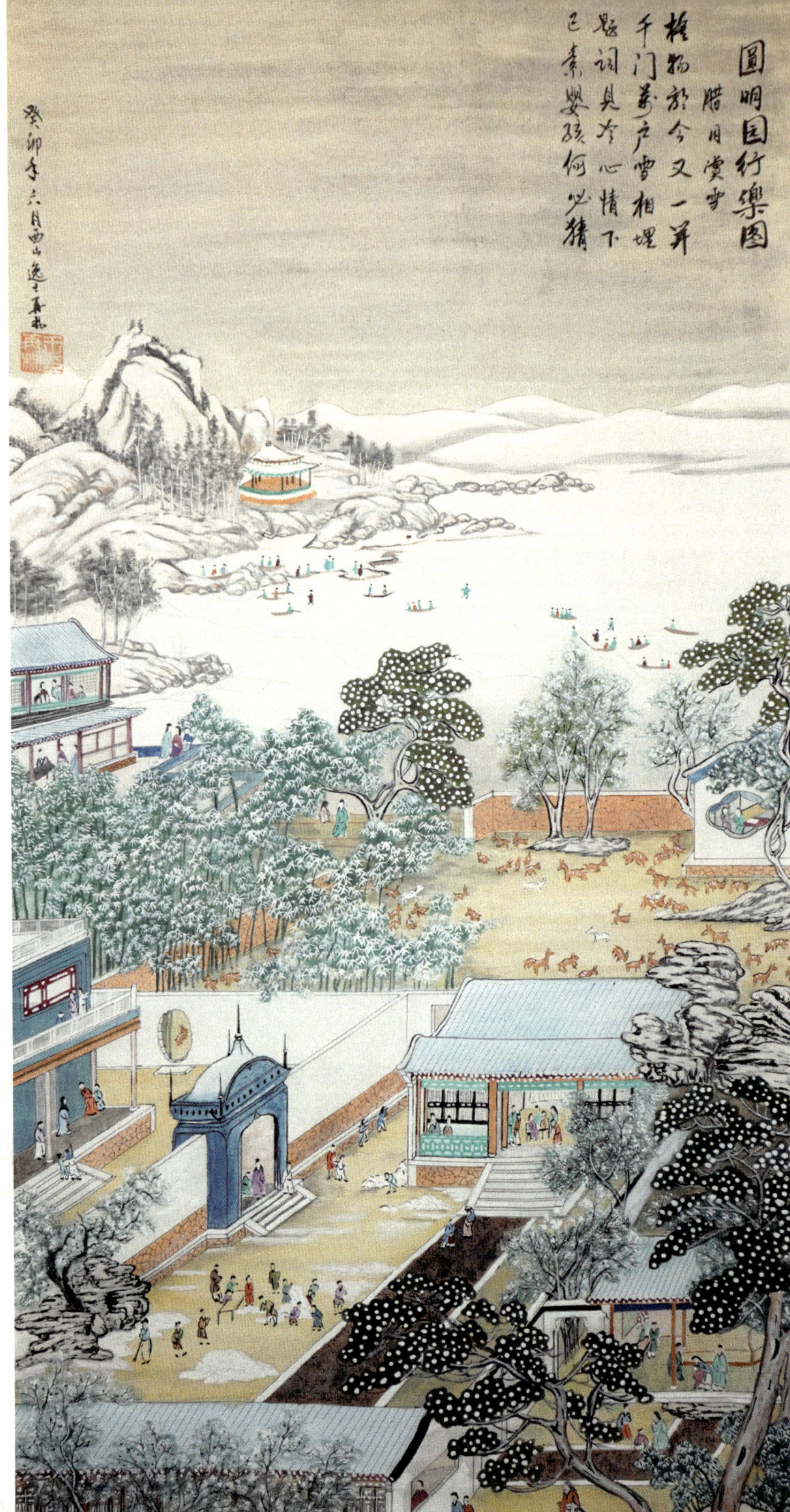

国画

圆明园行乐图
腊月赏雪

peinture traditionnelle chinoise

Canaval dans le Jardin impérial Yuan Ming Yuan Décembre

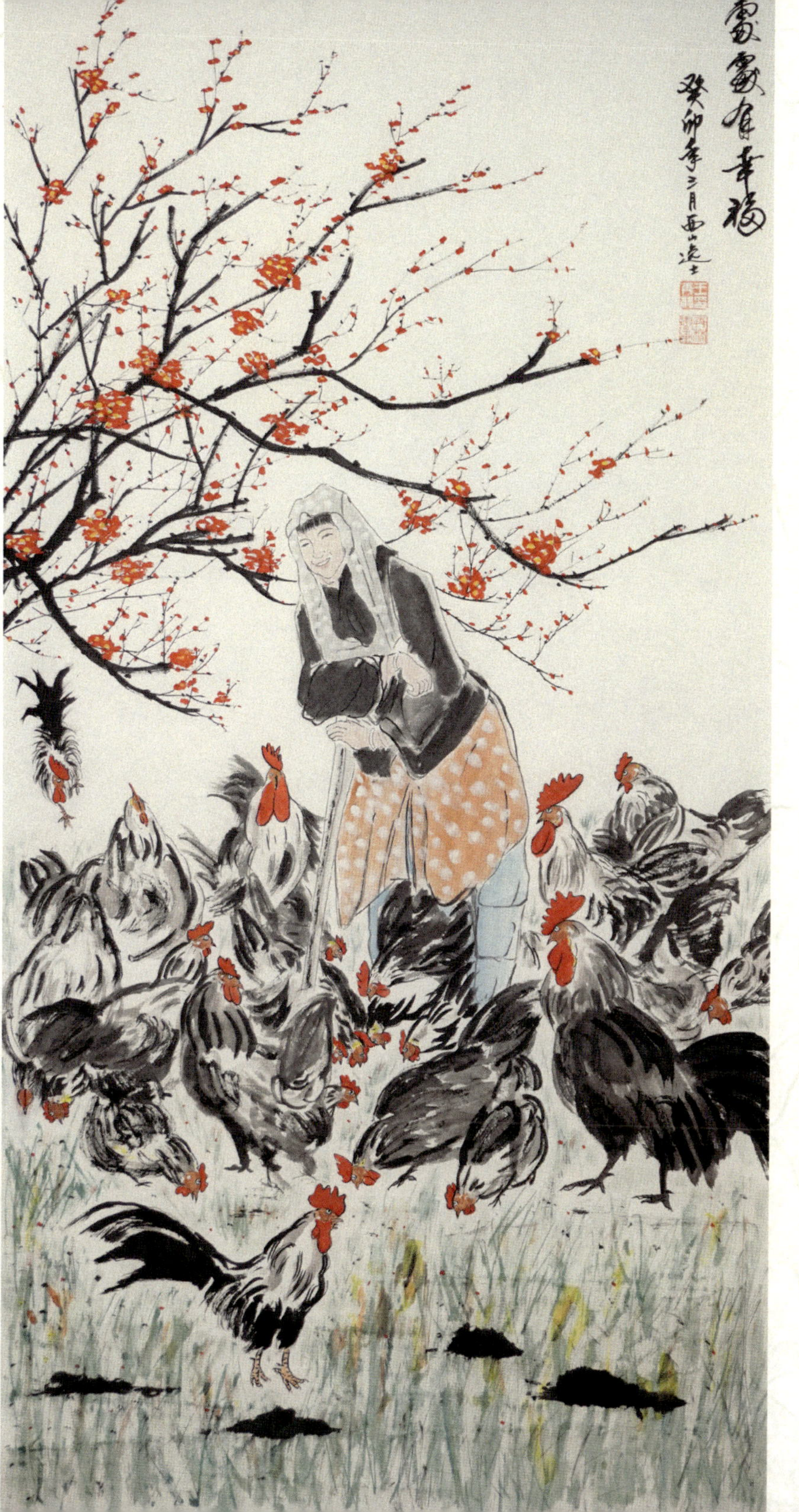

国画

处处有幸福

peinture traditionnelle chinoise

Le bonheur partout

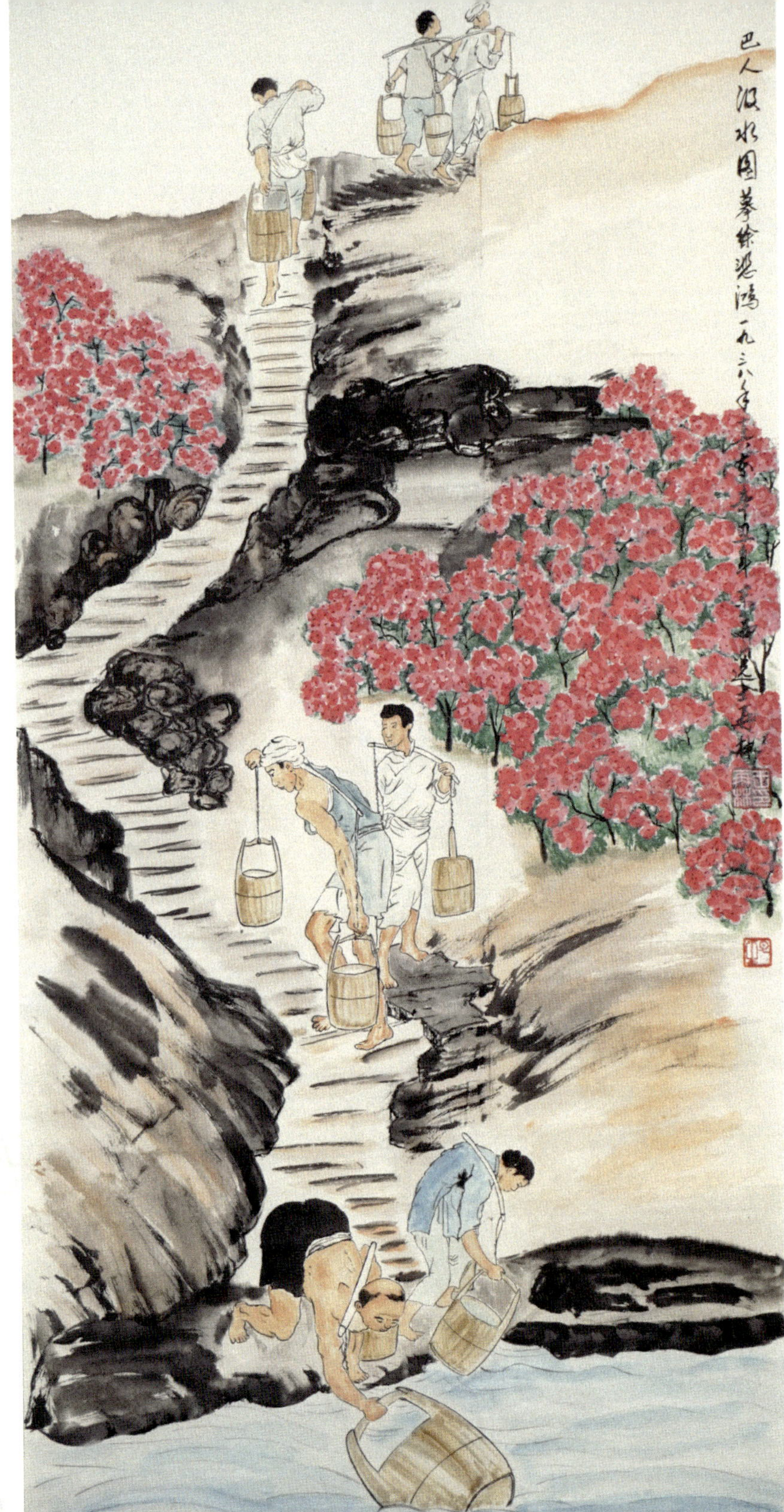

国画

巴人汲水图

peinture traditionnelle chinoise

Les gens du Sichuan vont chercher de l'eau

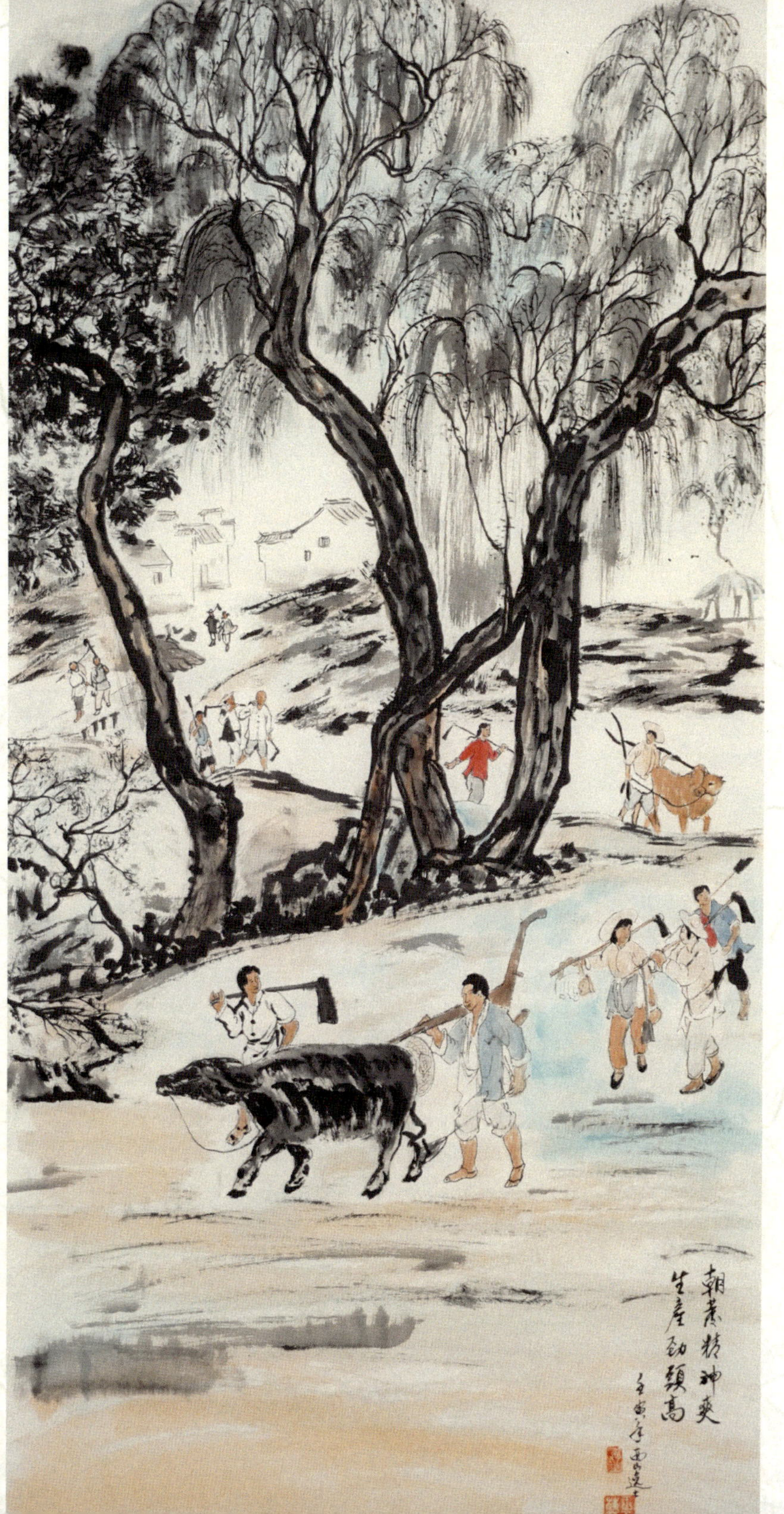

国画

劳动者

peinture traditionnelle chinoise

Les travailleurs

国画

童年的回忆

peinture traditionnelle chinoise

Mémoire d'enfance

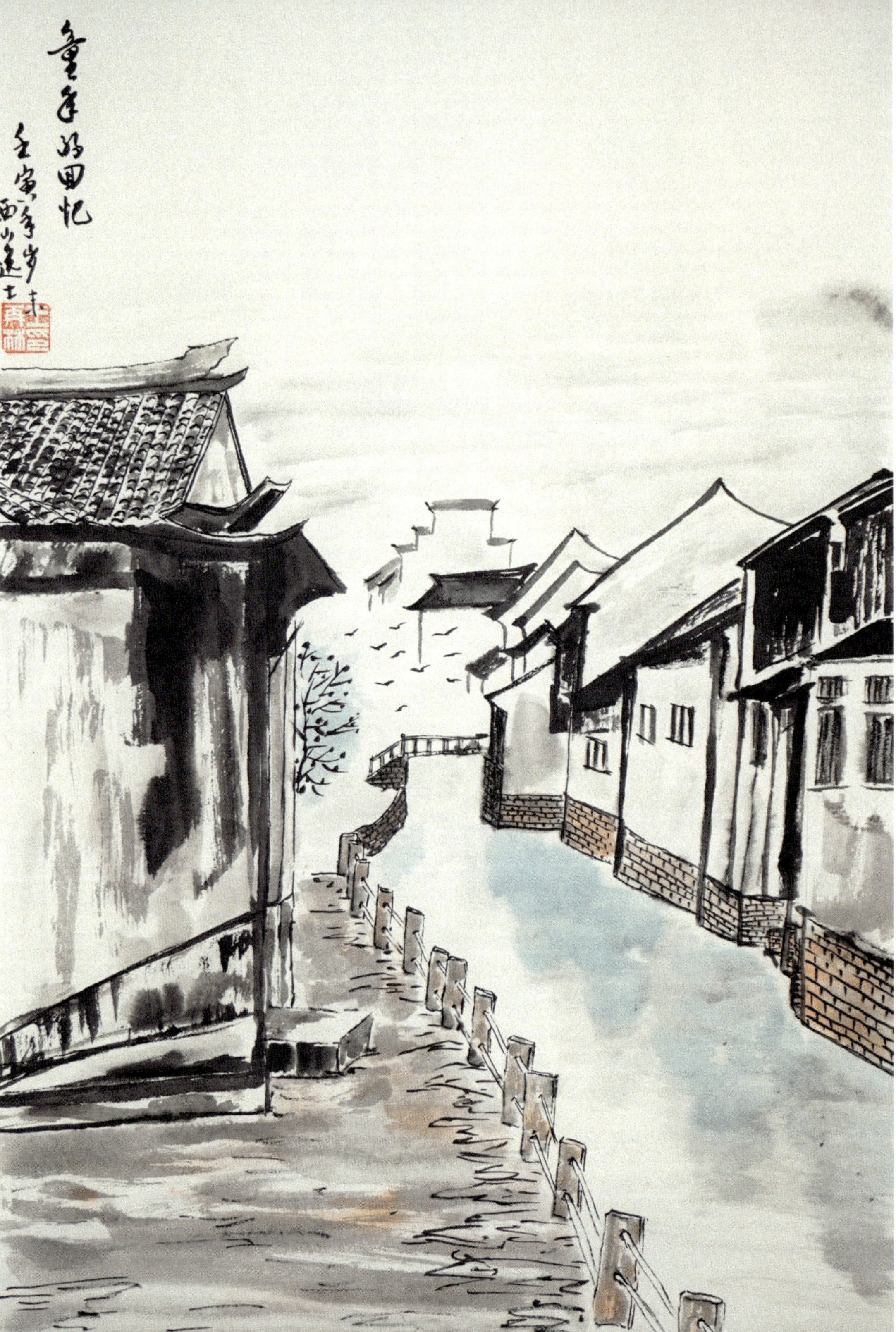

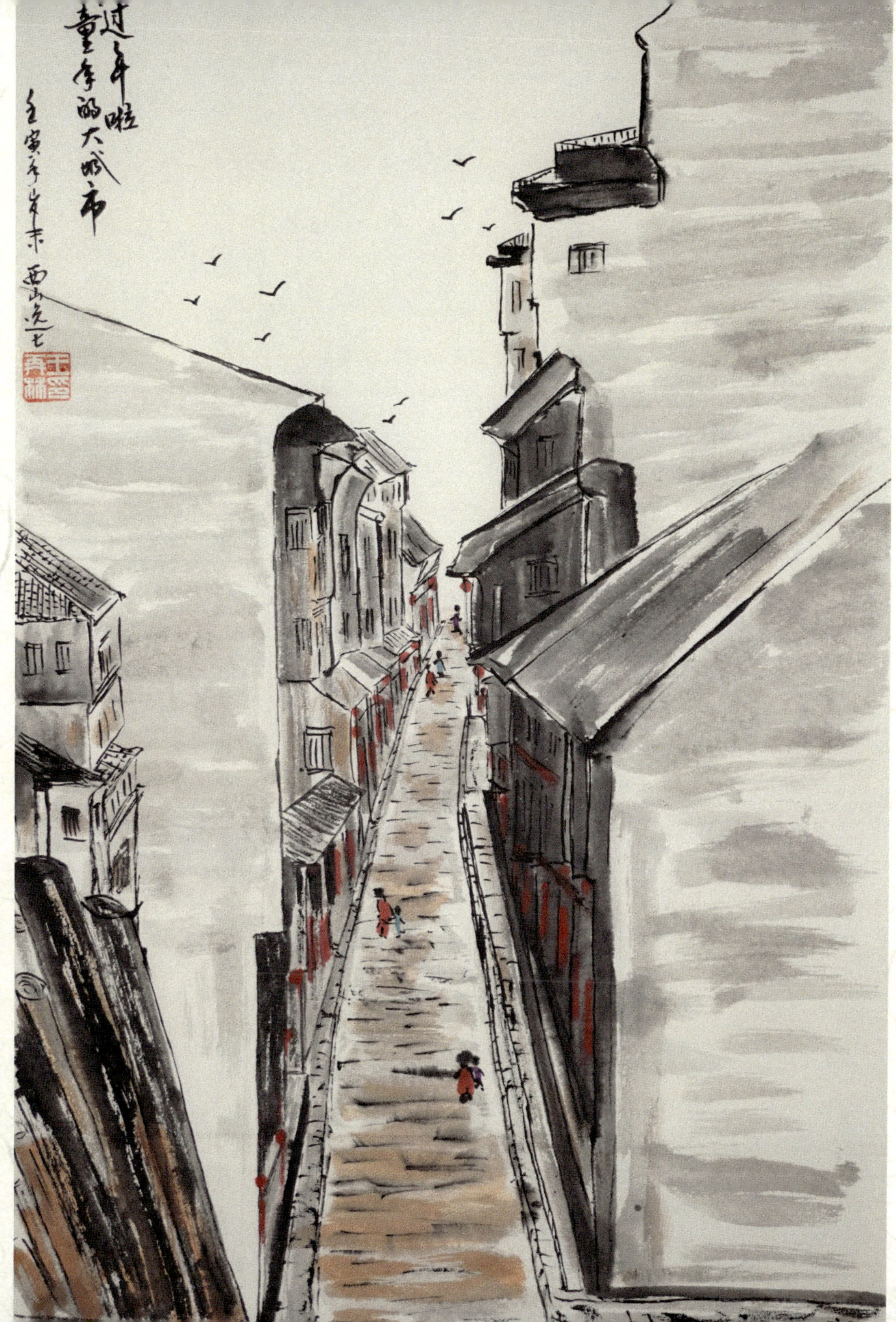

国画

过年啦
童年的大城市

peinture traditionnelle chinoise

Nouvel An chinois
dans la grande ville de
mon enfance

国画

观山

peinture traditionnelle chinoise

Vue sur la montagne

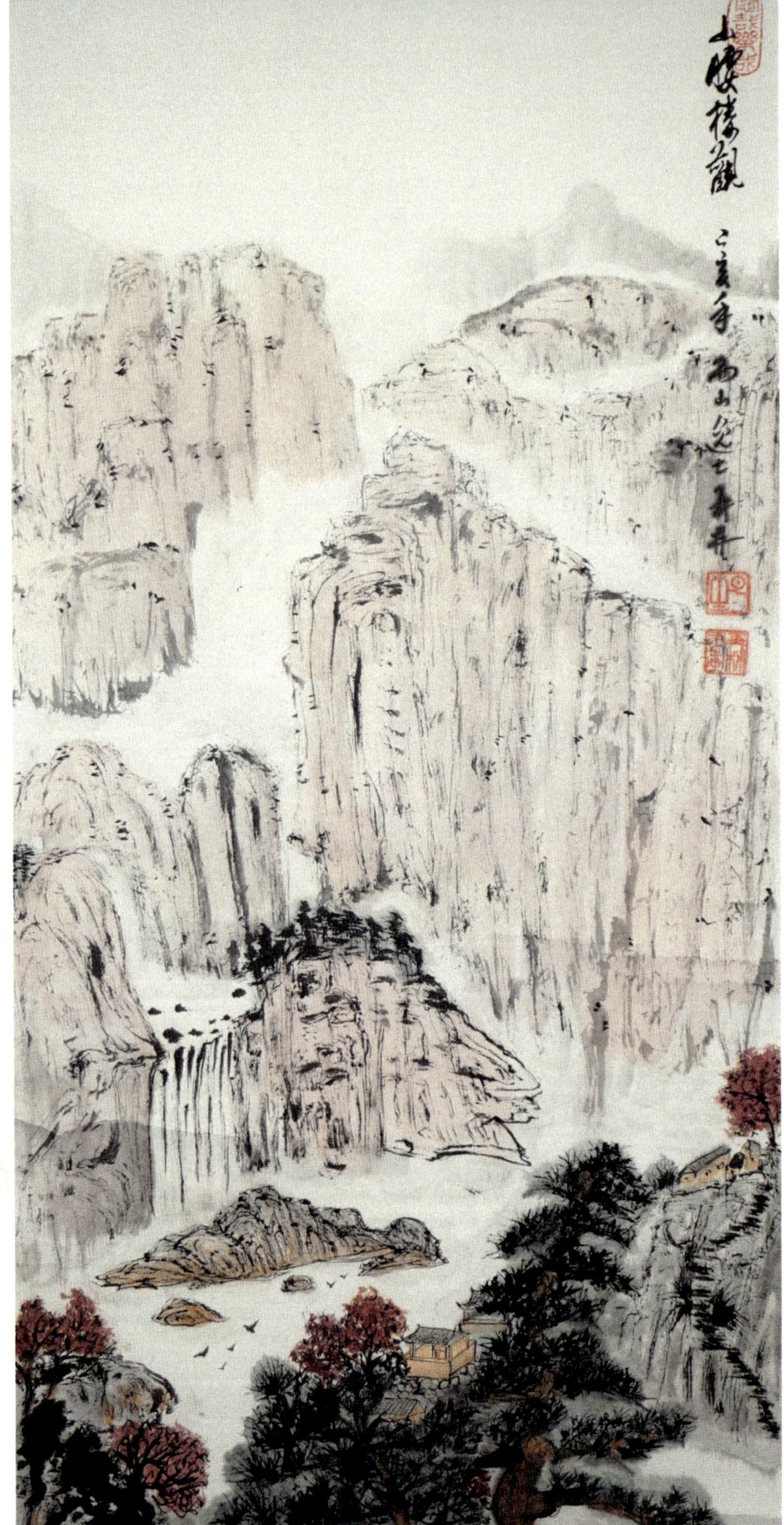

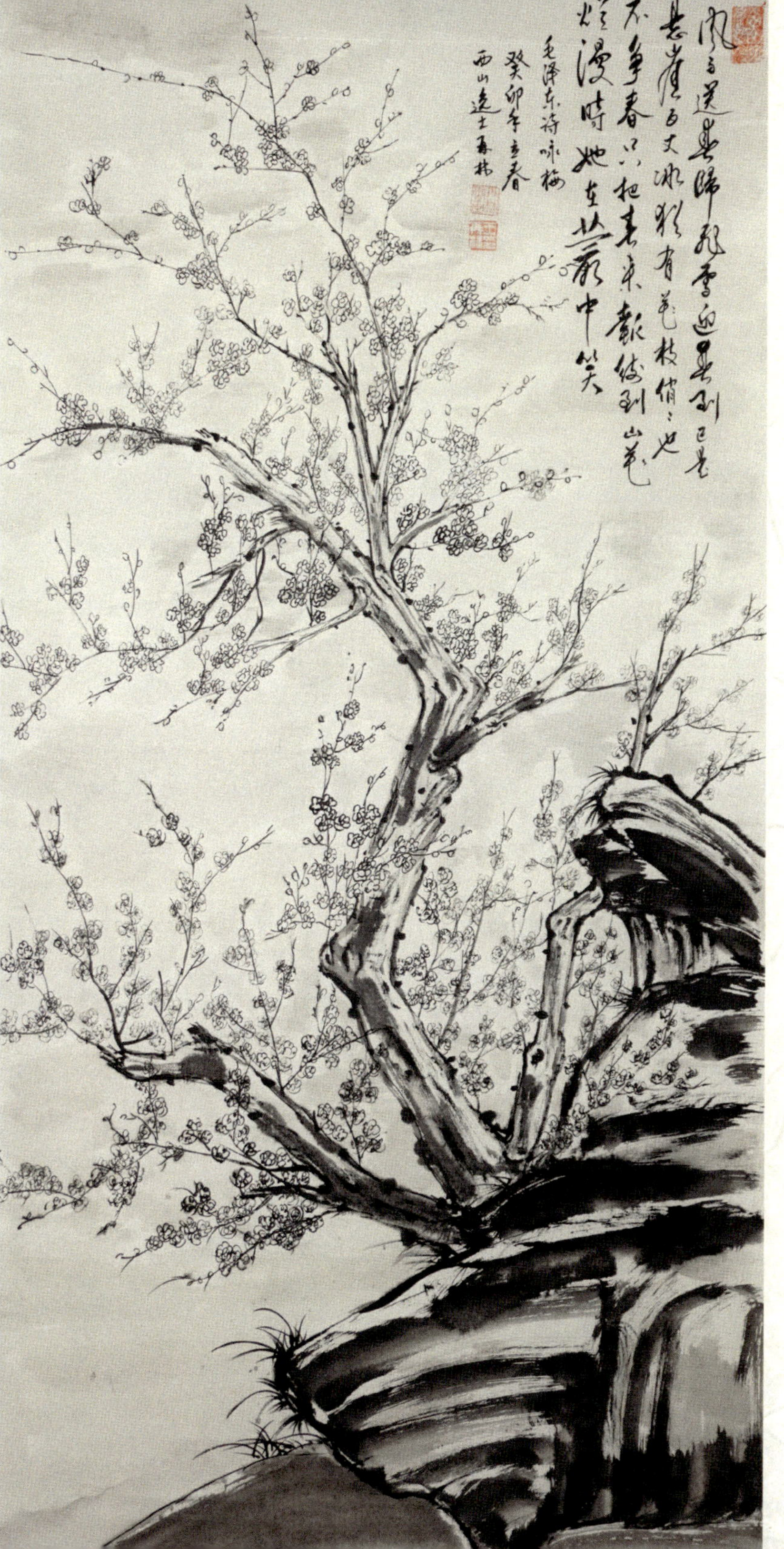

国画

咏梅

peinture traditionnelle chinoise

Chant des fleurs de prunier

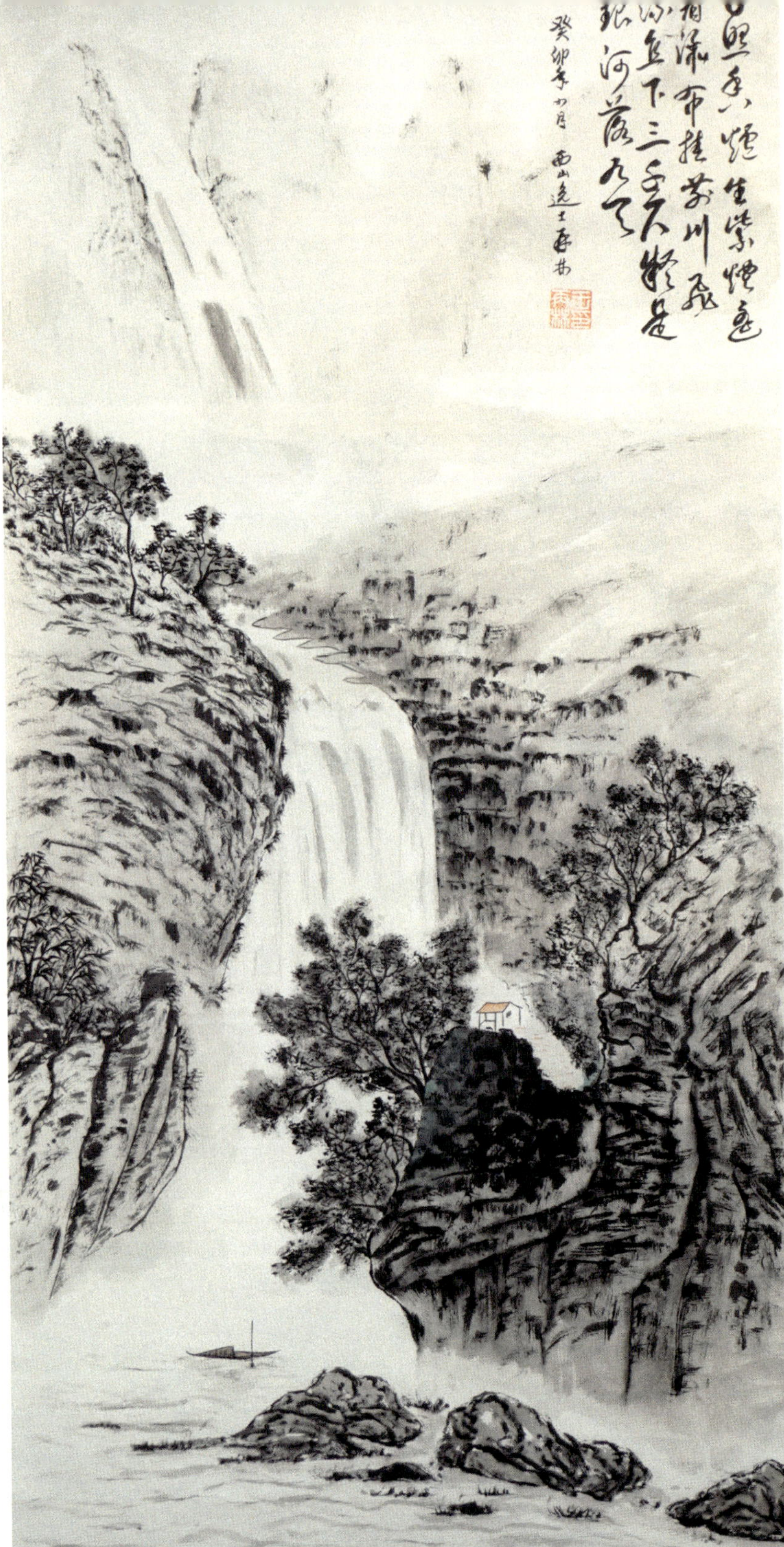

国画

望庐山瀑布
其一

peinture traditionnelle chinoise

Vue sur la cascade de Lushan - I

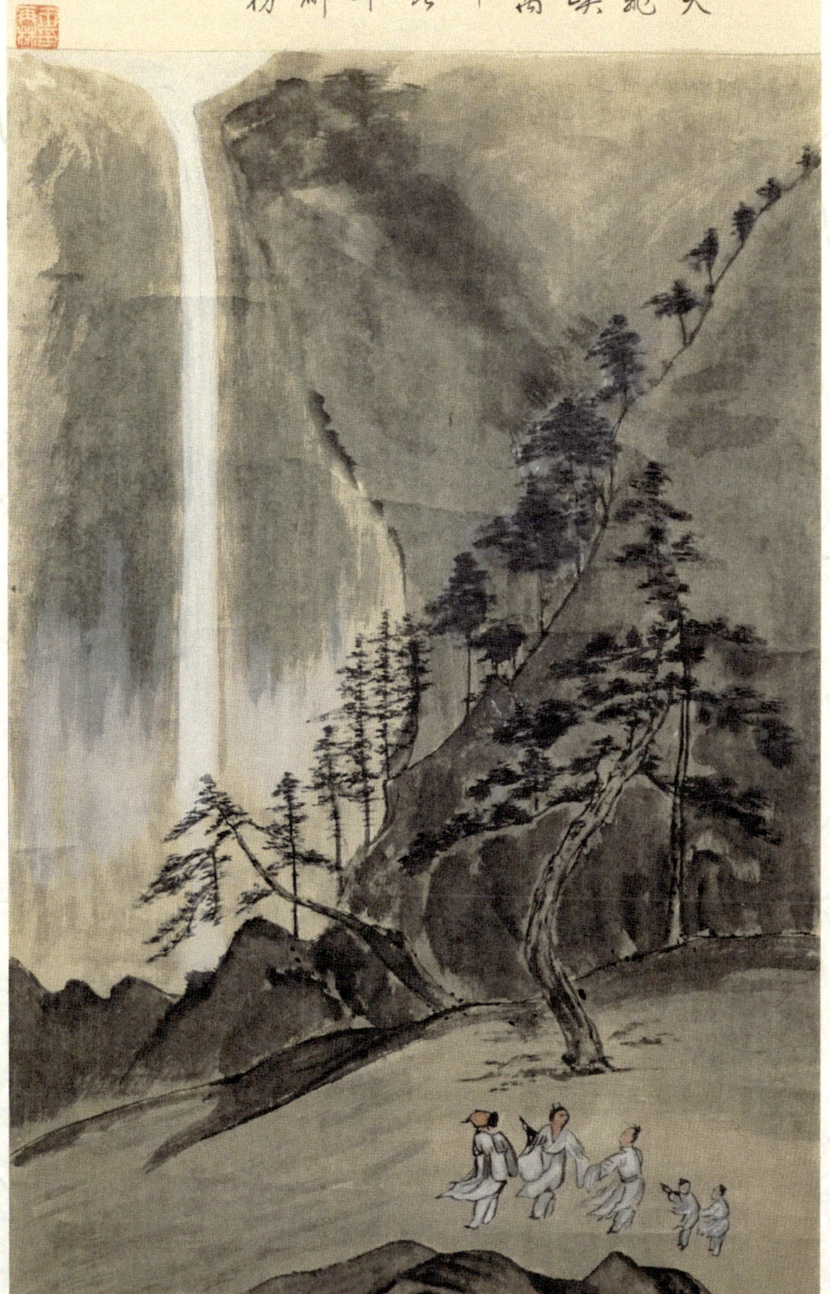

国画

庐山瀑布图

peinture traditionnelle chinoise

Cascade de Lushan

国画

宏兔大吉

peinture traditionnelle chinoise

Bonne année du lapin

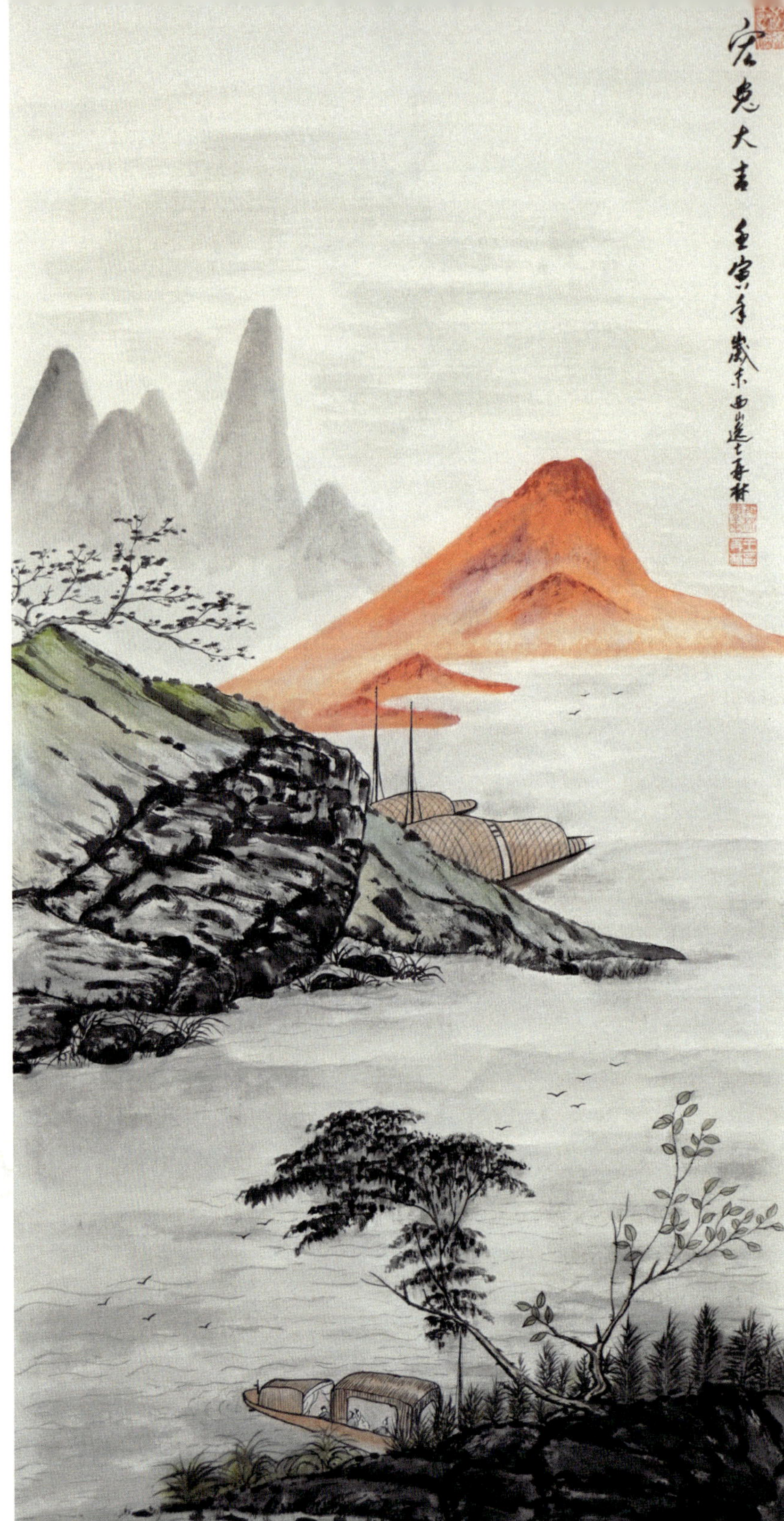

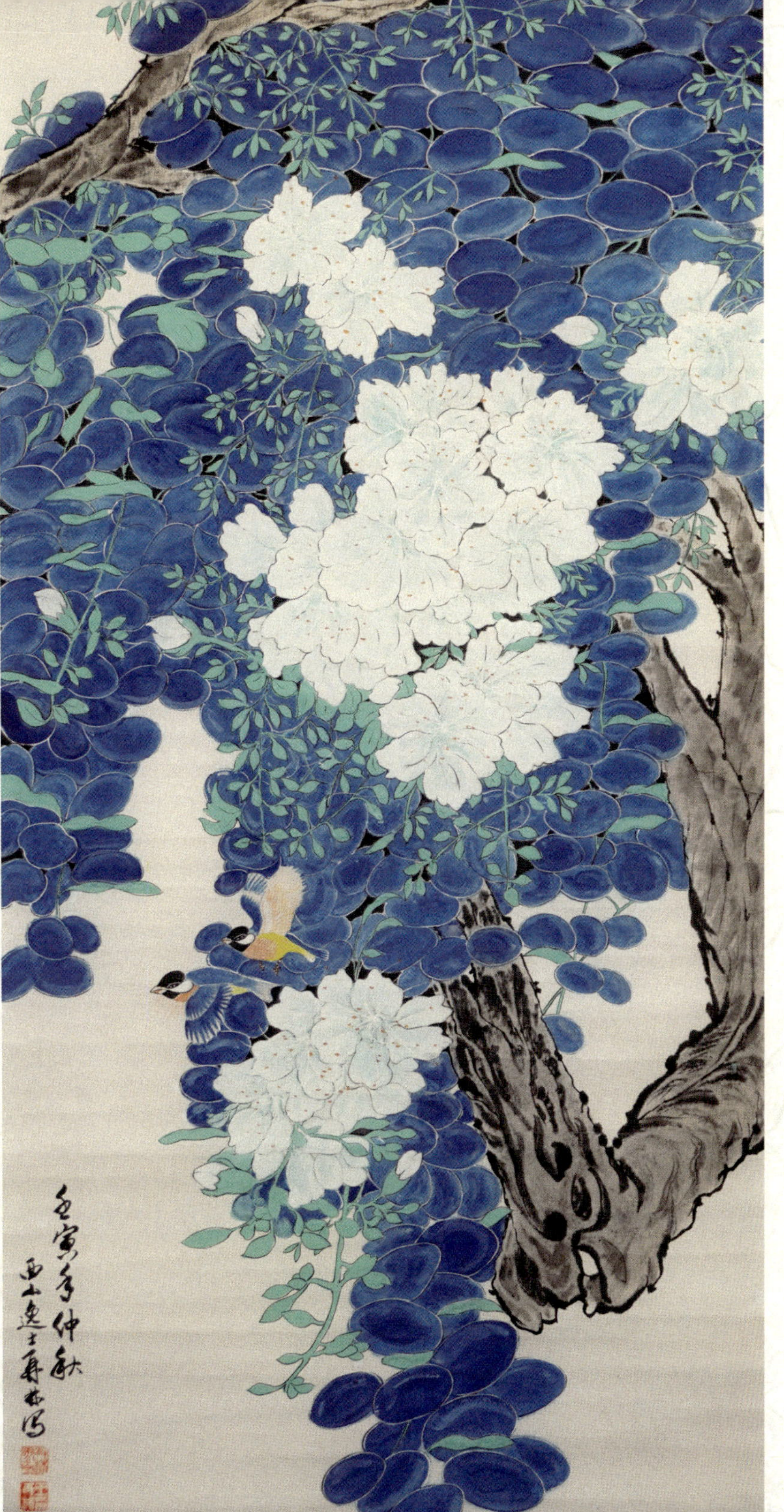

国画

花鸟图

peinture traditionnelle chinoise

Fleurs et oiseaux

国画

鸡

peinture traditionnelle chinoise

Coq et poule

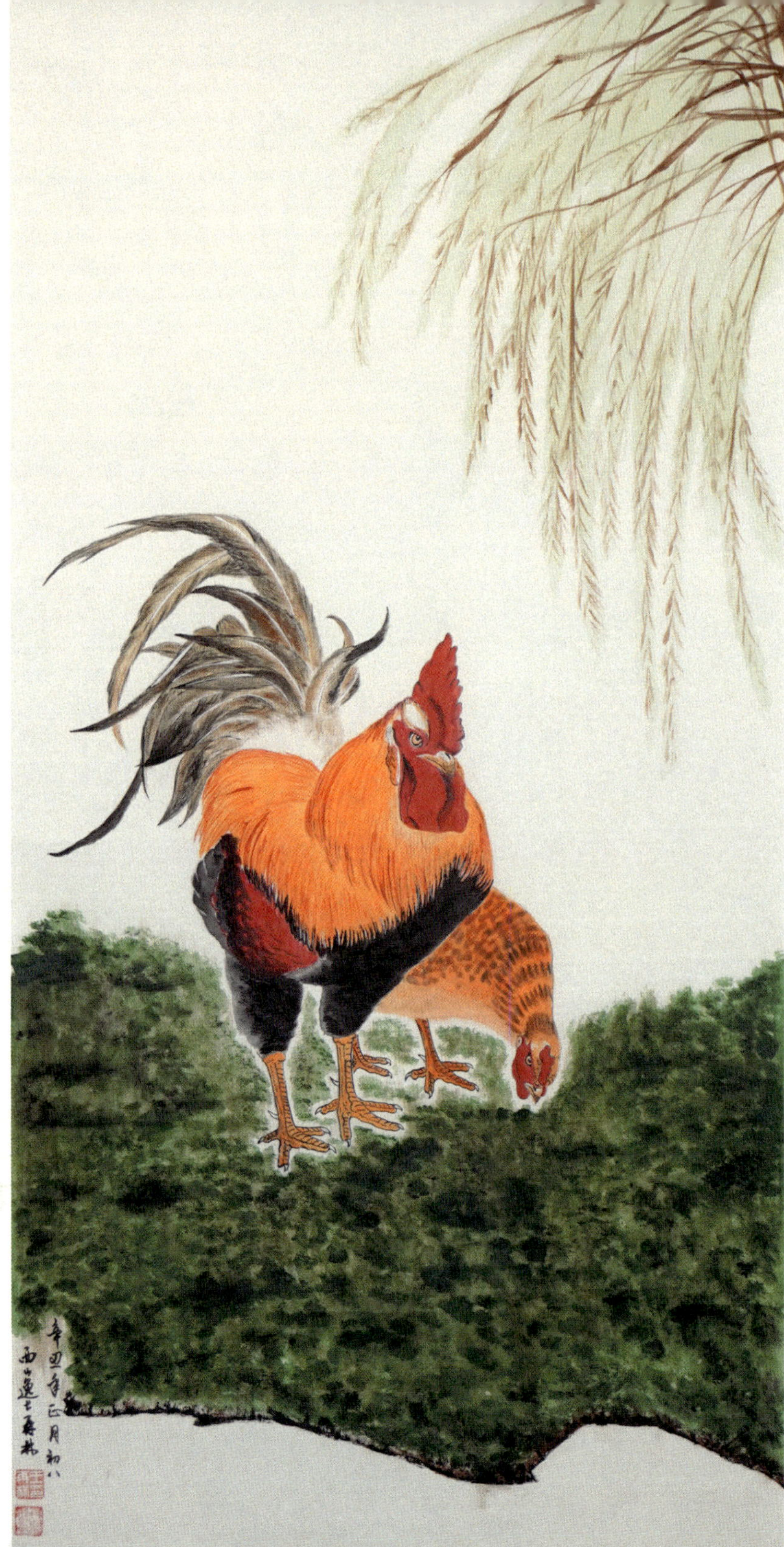

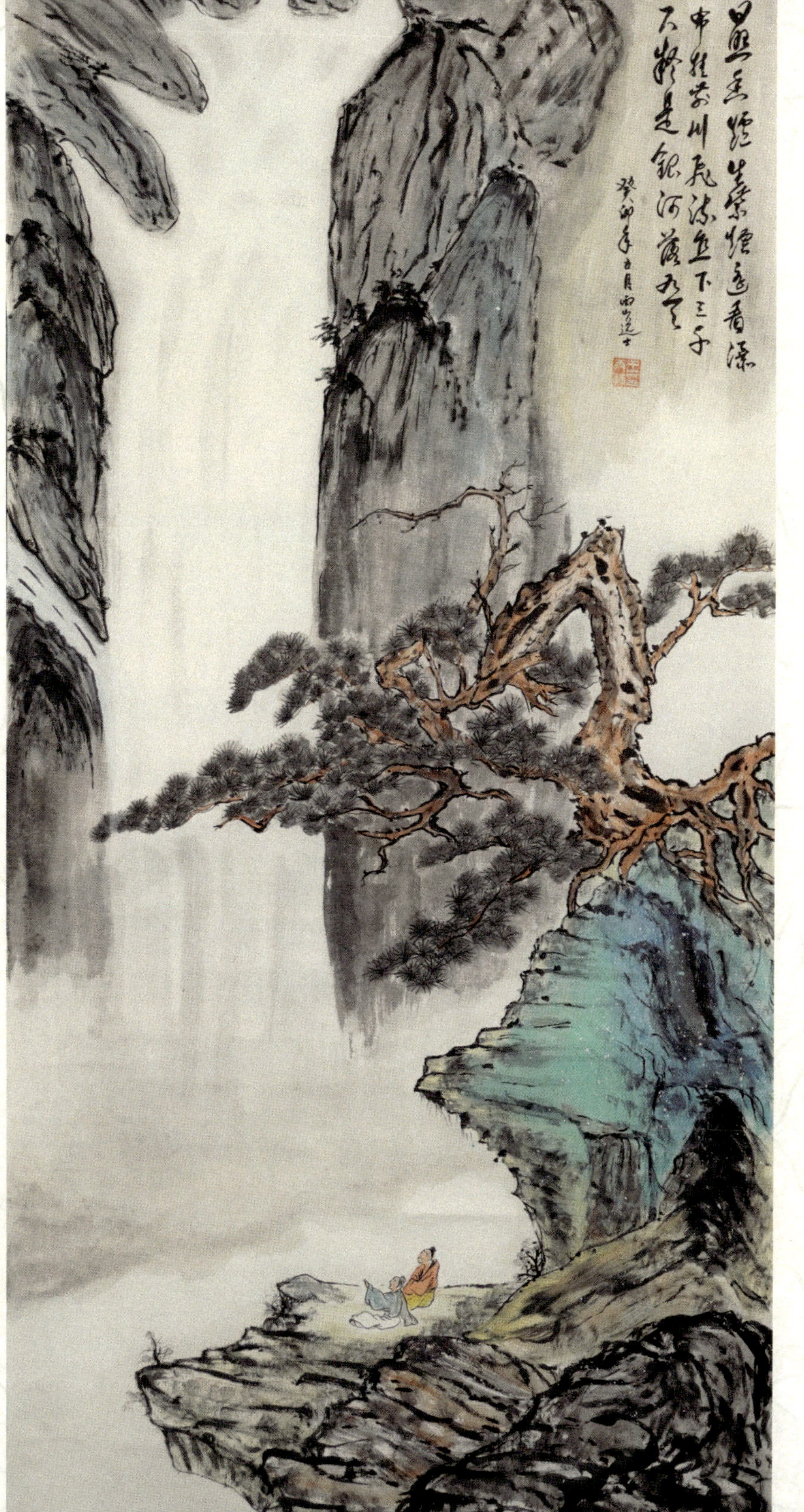

国画

望庐山瀑布
其二

peinture traditionnelle chinoise

Vue sur la cascade de Lushan - 2

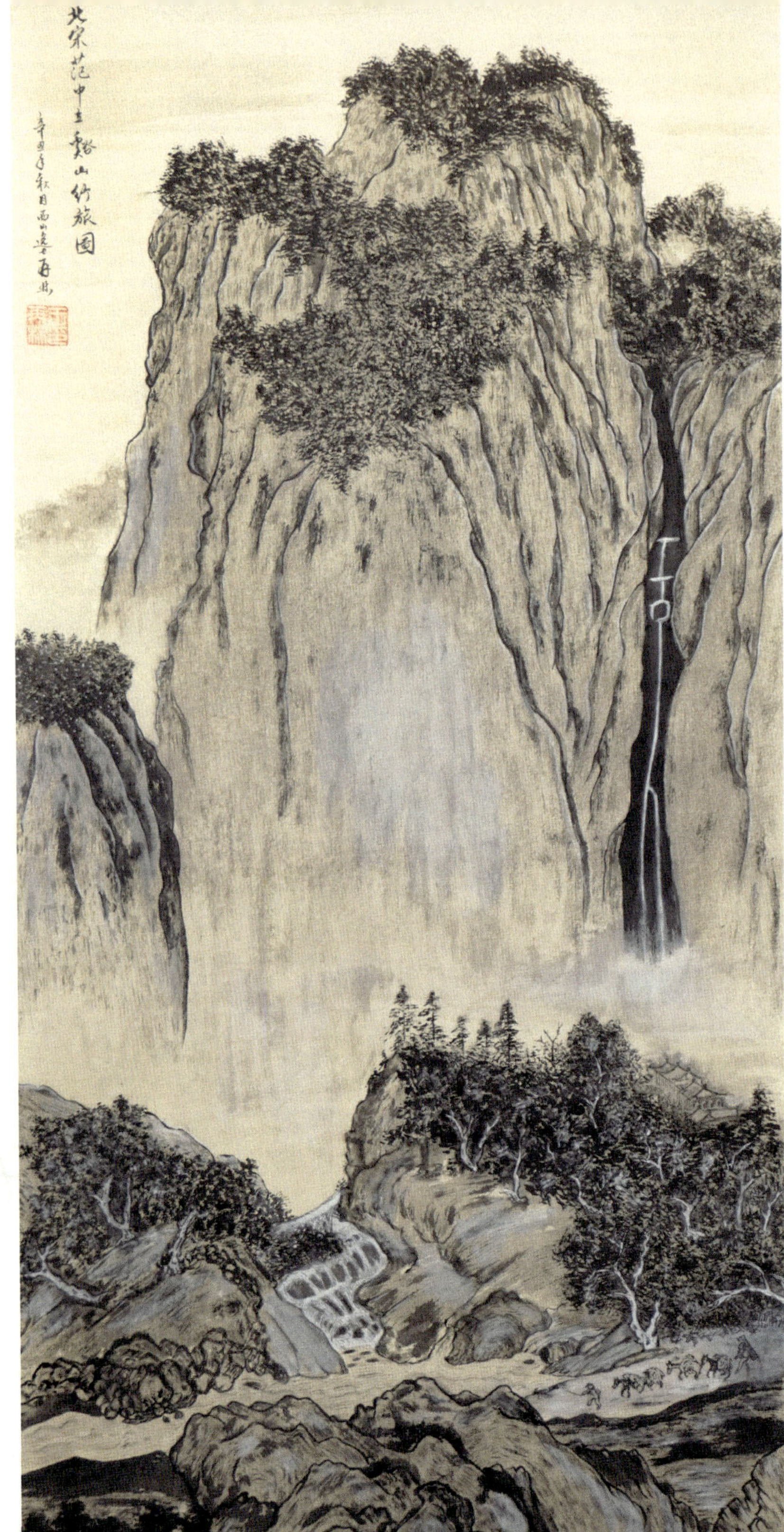

国画

谿山行旅图

peinture traditionnelle chinoise

Rivière et montagne

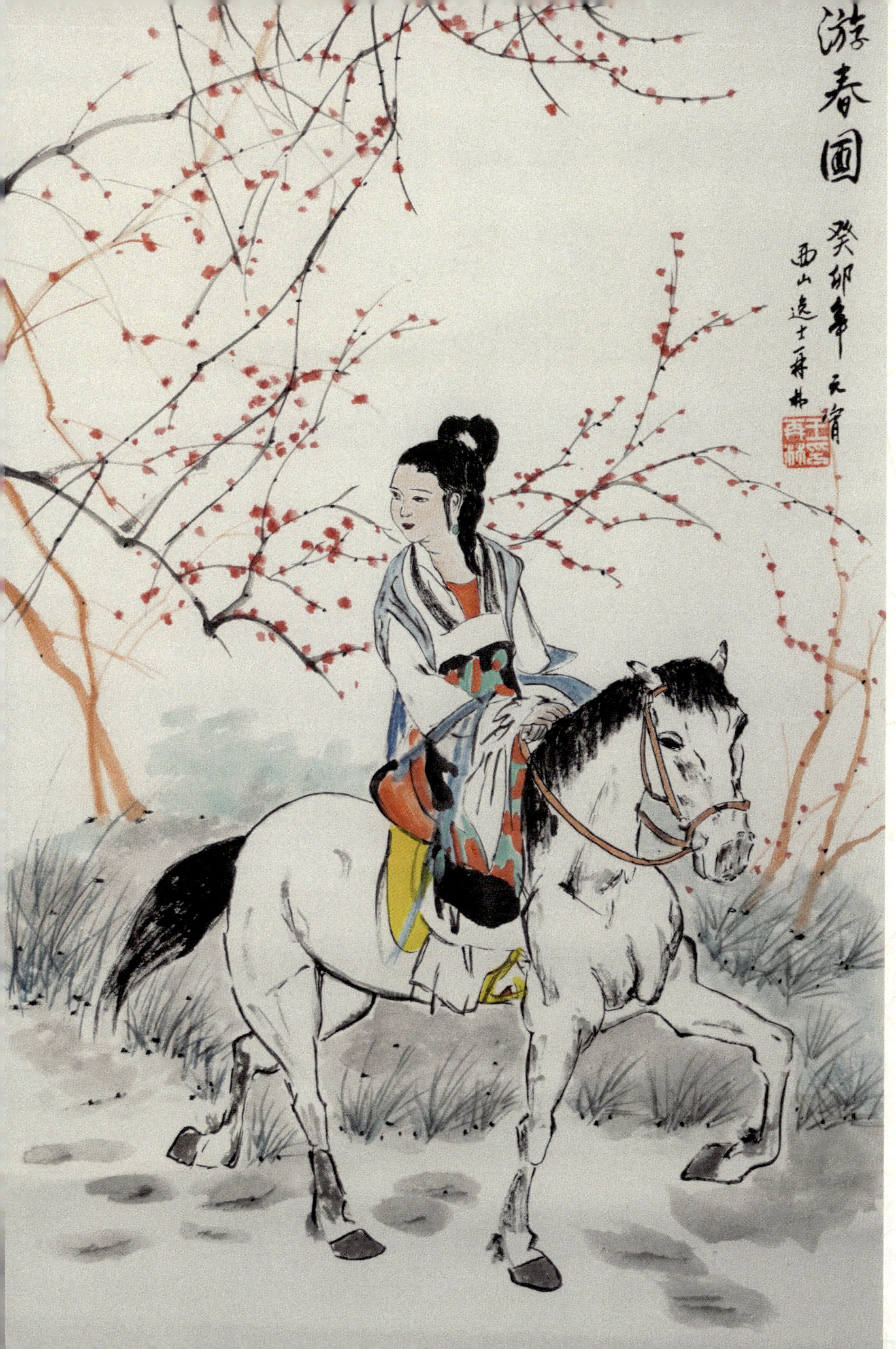

国画

游春图

peinture traditionnelle chinoise

Voyage de printemps

书法 / 国画

妙法自然

calligraphie &
peinture traditionnelle chinoise

Merveille de la nature

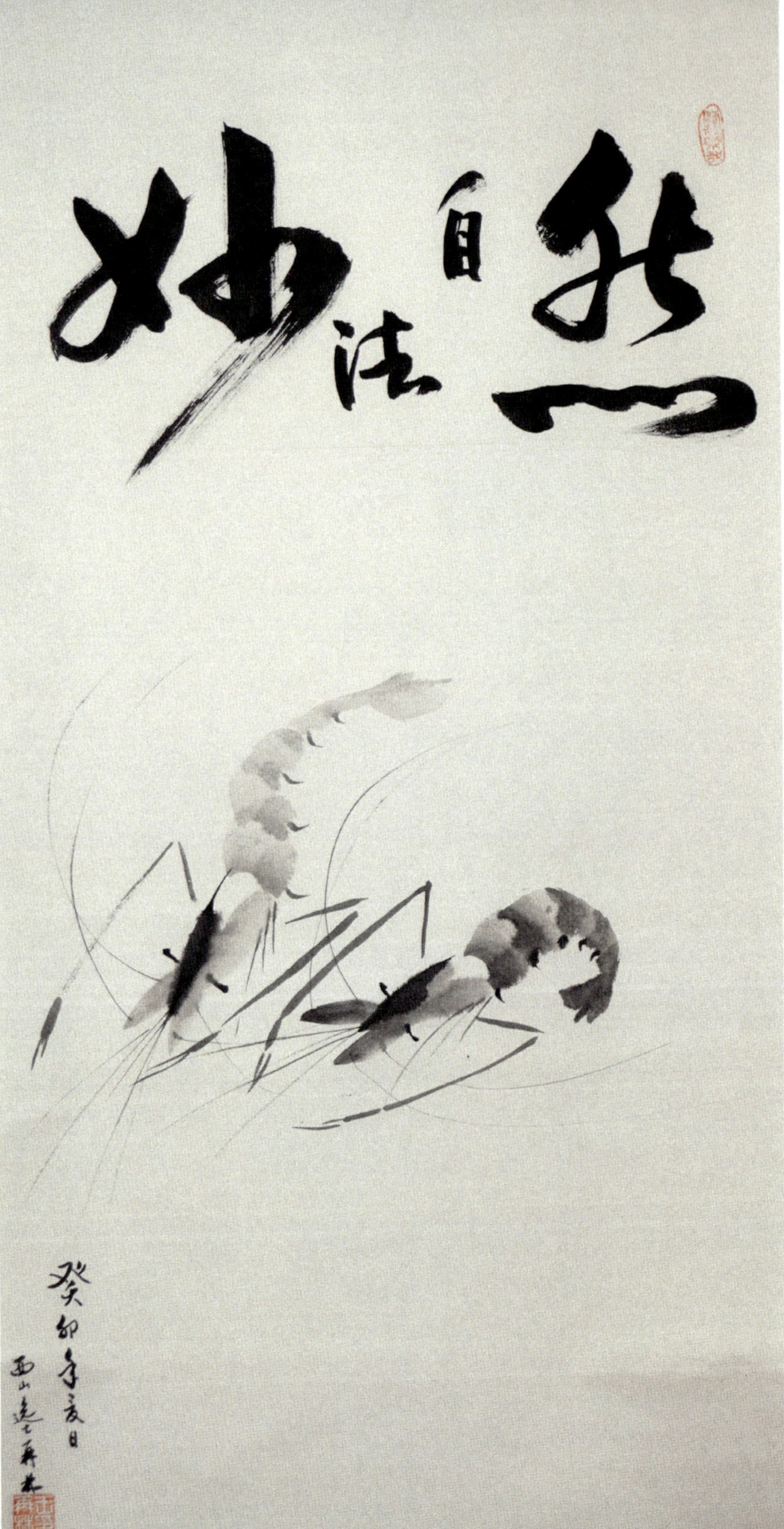

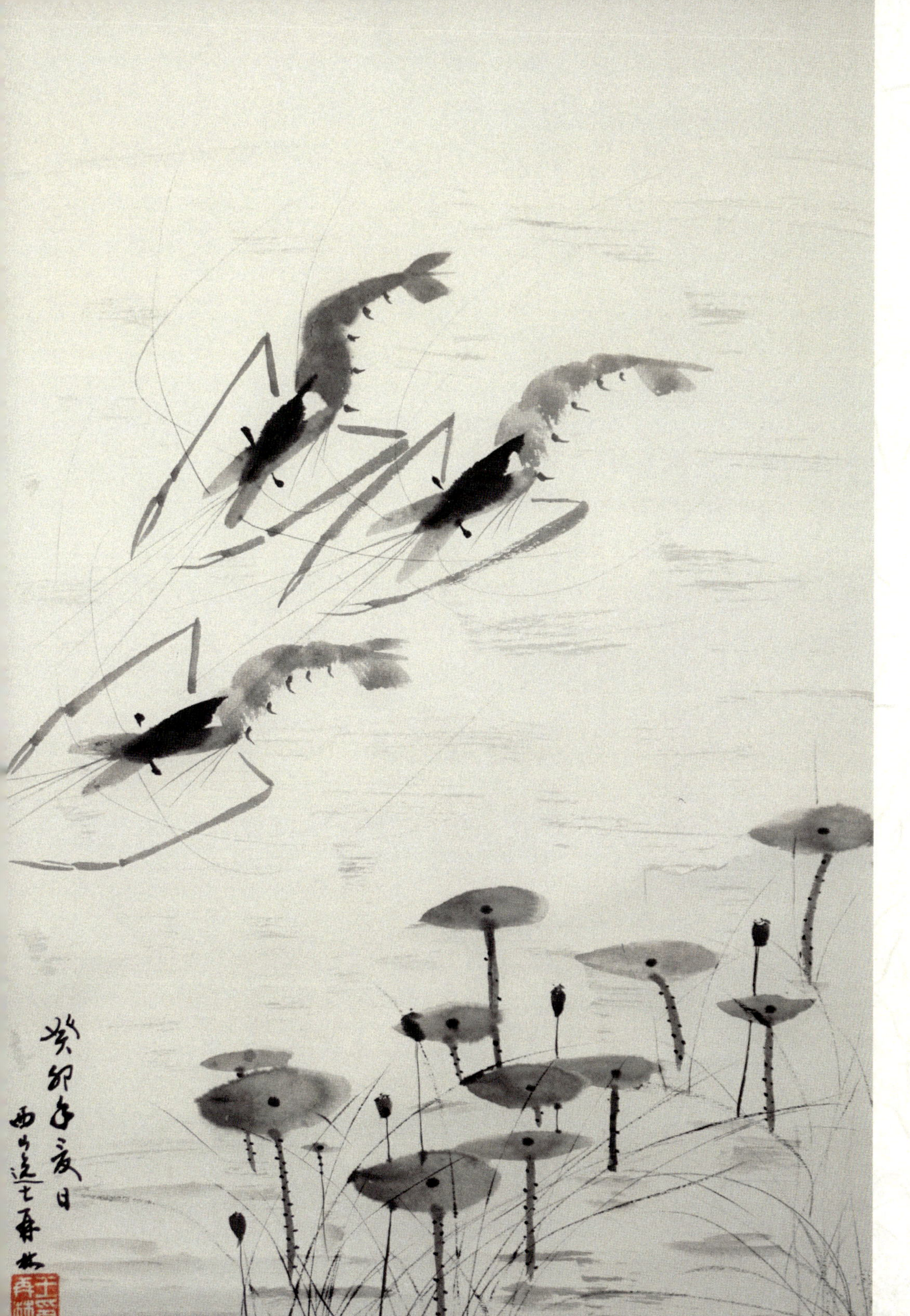

国画
虾趣
其一

peinture traditionnelle chinoise

Les crevettes - I

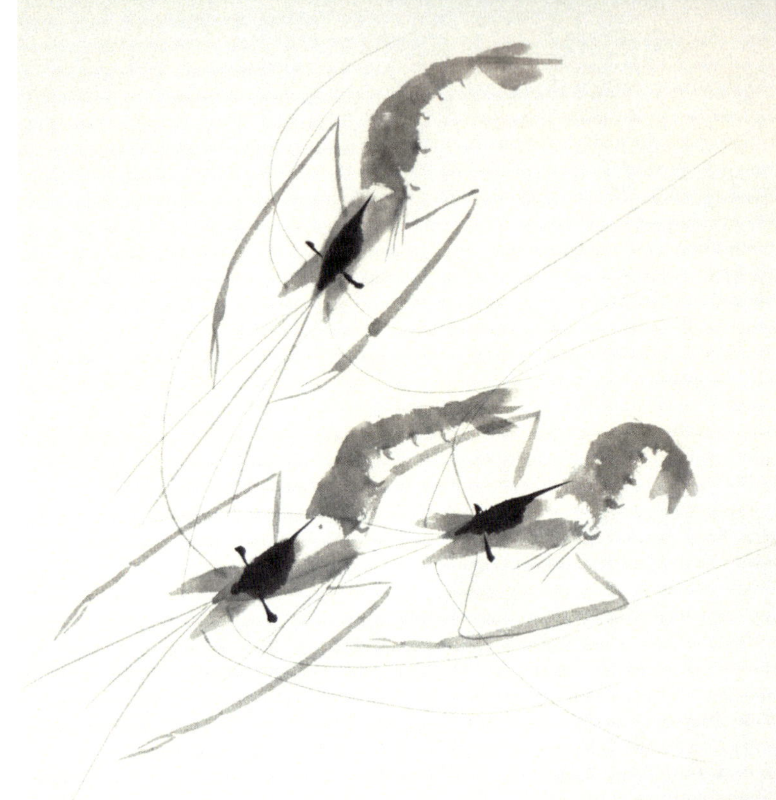

国画

虾趣
其二

peinture traditionnelle chinoise

Les crevettes - 2

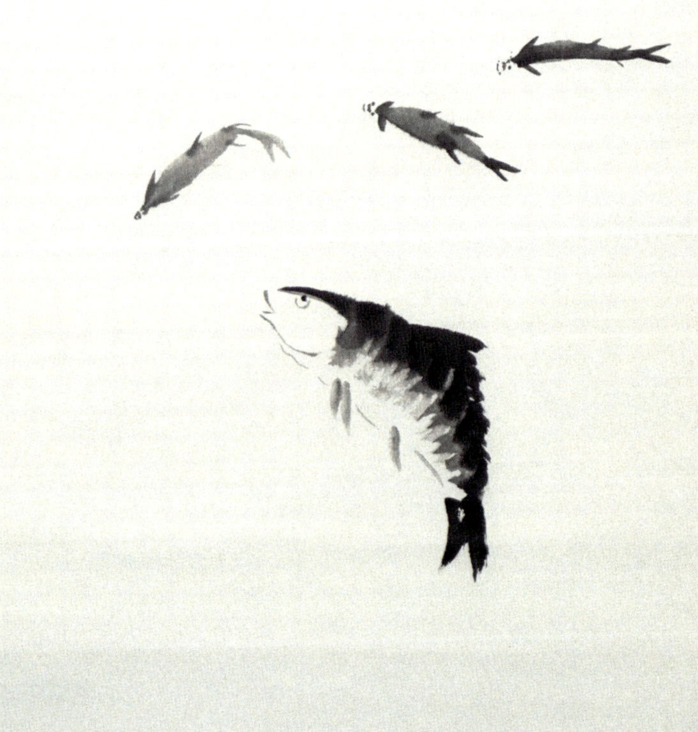

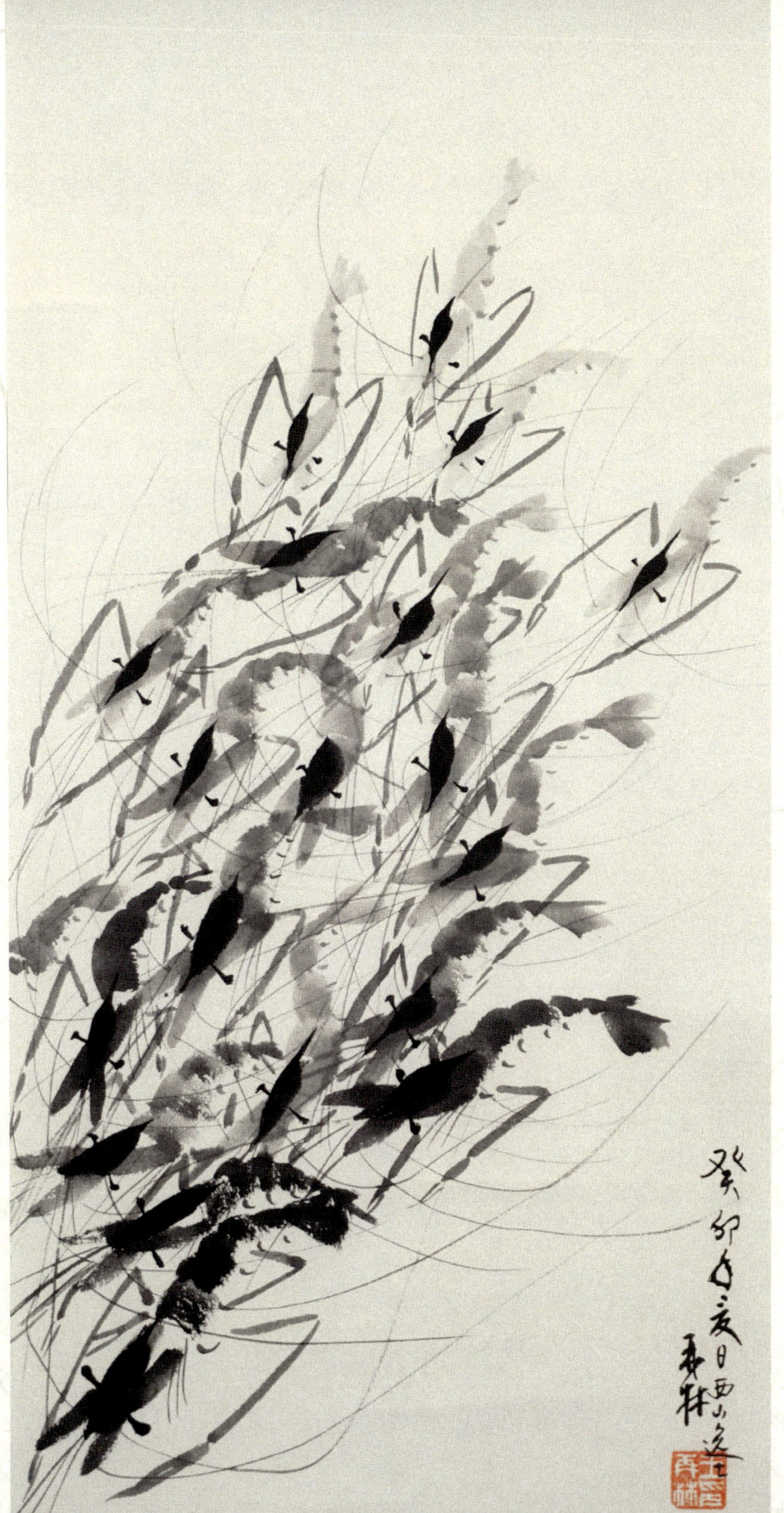

国画
虾趣
其三

peinture traditionnelle chinoise

Les crevettes - 3

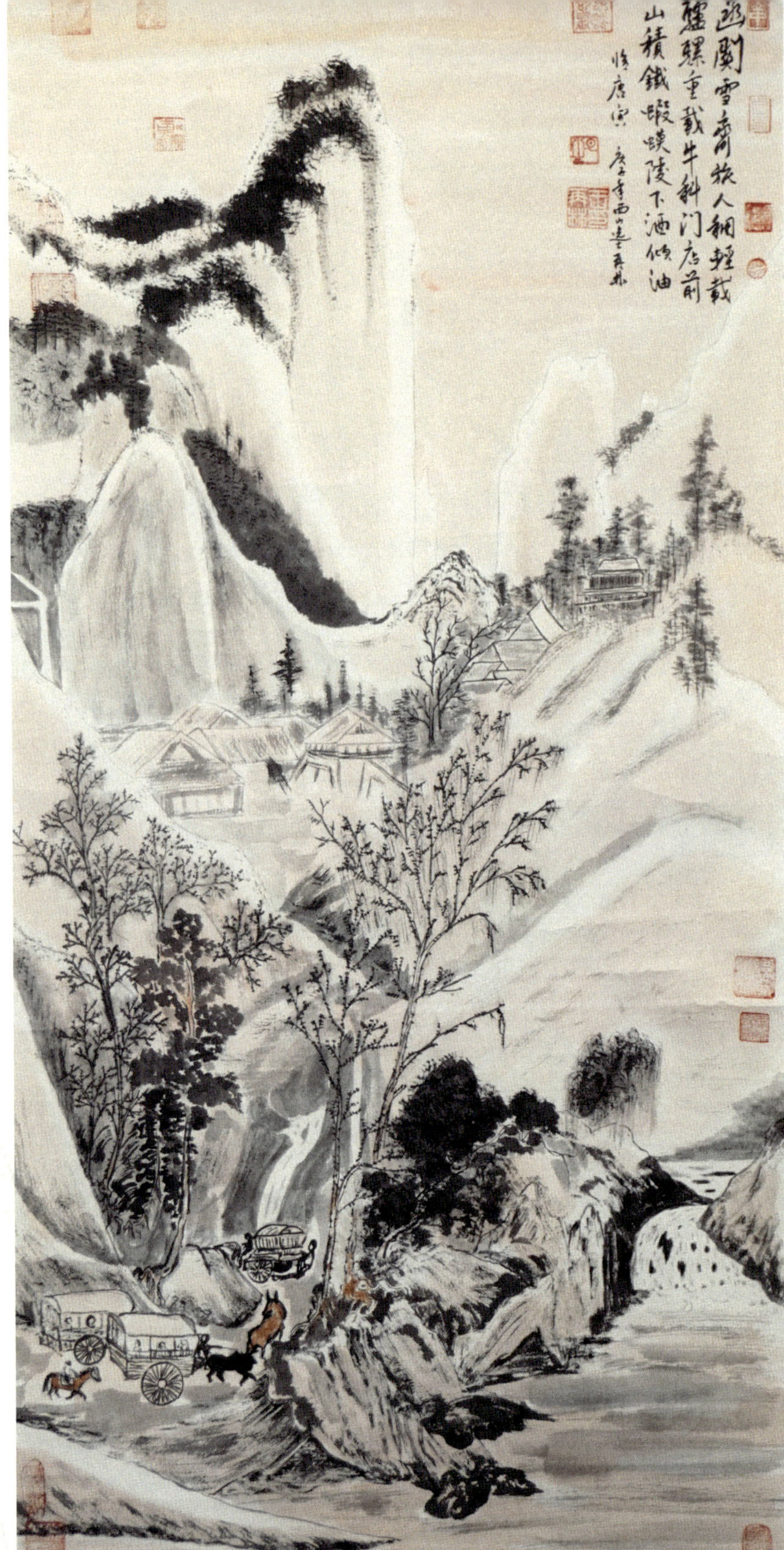

国画

函关雪霁图

peinture traditionnelle chinoise

Chute de neige sur la montagne

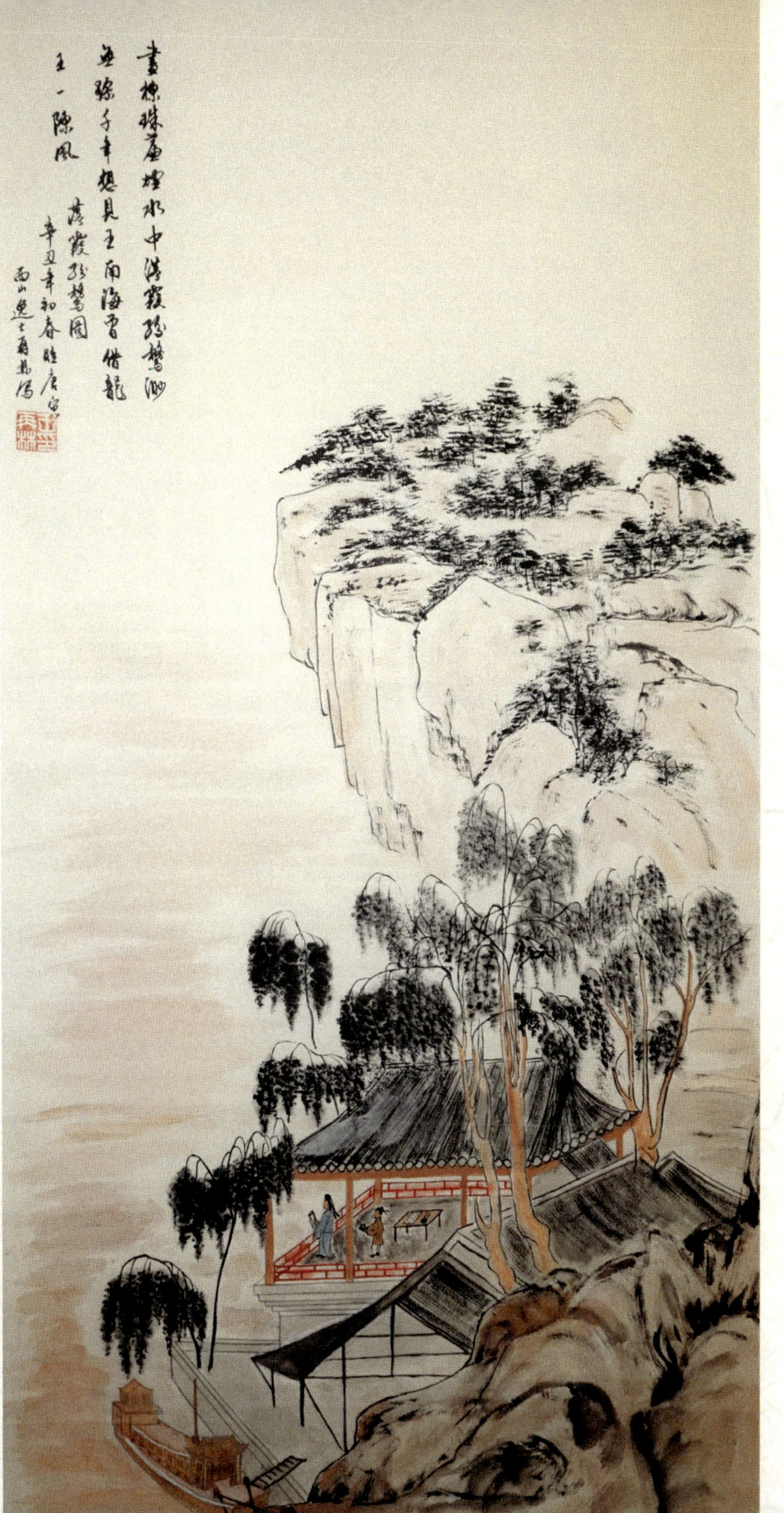

国画

落霞孤鹜图

peinture traditionnelle chinoise

Coucher du soleil

书法

三字经

calligraphie

Classiques à trois caractères

黃庭經

上有黃庭下有關元前有幽闕後有命門噓吸廬外出入丹田審能行之可長存黃庭中人衣朱衣關門壯龠
蓋兩扉幽闕俠之高巍巍丹田之中精氣微玉池清水上生肥靈根堅固志不衰中池有士服赤朱橫下三
寸神所居中外相距重閉之神廬之中務修治玄膺氣管受精符急固子精以自持宅中有士常衣絳子能見之可不病橫理長尺約
其上子能守之可無恙呼吸廬間以自償保守完堅身受慶方寸之中謹蓋藏精神還歸老復壯俠以幽闕流下竟養子玉樹杖可扶
至道不煩不旁迕靈臺通天臨中野方寸之中至關下玉房之中神門戶既是公子教我者明堂四達法海員真人子丹當我前三關
之間精氣深子欲不死修崑崙絳宮重樓十二級宮室之中五采集赤神之子中池立下有長城玄谷邑長生要眇房中急棄捐淫俗
專子精寸田尺宅可治生繫子長留心安寧觀志流神三奇靈閑暇無事修太平常存玉房視明達時念大倉不飢渴役使六神女謁
閉子精路可長活正室之中神所居洗心自治無敢污歷觀五藏視節度六府修治潔如素虛無自然道之故物有自然事不煩垂拱
無為心自安虛無之居在廉間寂寞曠然口不言恬淡無為遊德園積精香潔玉女存作道優游身獨居扶養性命守虛無恬淡無為
何思慮羽翼以成正扶疏長生久視乃飛去五行參差同根節三五合氣要本一誰與共之升日月抱珠懷玉和子室子自有之持無
失即欲不死藏金室出月入日是吾道天七地三回相守升降五行一合九玉石落落是吾寶子自有之何不守心曉根蒂養華採服
天順地合藏精七日之奇吾相合崑崙之性不迷誤九原之山何亭亭中有真人可使令蔽以紫宮丹城樓俠以日月如明珠萬歲照
照非有期外本三陽物自來內養三神可長生魂欲上天魄入淵還魂反魄道自然旋璣懸珠環無端玉石戶金籥身貌堅載地玄天迴
乾坤象以四時赤如丹前仰後卑各異門送以還丹與玄泉象龜引氣致靈根中有真人巾金巾負甲持符開七門此非枝葉實是根
晝夜思之可長存仙人道士非可神積精所致和專仁人皆食穀與五味獨食大和陰陽氣故能不死天相溉心為國主五藏王受意
動靜氣得行道自守我精神光晝日照照夜自守渴自得飲飢自飽經歷六府藏卯酉轉陽之陰藏於九常能行之不知老肝之為氣
調且長羅列五藏生三光上合三焦道飲漿我神魂魄在中央隨鼻上下知肥香立於懸膺通神明伏於老門候天道近在於身還自
守精神上下分關理通利天地長生草七孔已通不知老還坐陰陽天門候陰陽下於通神明過華蓋下清且涼入清泠淵見五形其
成還丹可長生下有華蓋動見精立於明堂臨丹田將使諸神開命門通天道至靈根陰陽列布如流星肺之為氣三焦起上伏天門
候故道窺離天地存童子調利精華調髮齒顏色潤澤不復白下於嚨喉何落落諸神皆會相求索下有絳宮紫華色隱在蓋通六合
專守諸神轉相呼觀我諸神辟除耶其成還歸與大家至於胃管通虛無閉塞命門如玉都壽專萬歲將有餘脾中之神舍中宮上伏
命門合明堂通利六府調五行金木水火土為王日月列宿張陰陽二神相得下玉英五藏為主腎最尊伏於大陰藏其形出入二竅
合黃庭呼吸虛閒見吾形強我筋骨血脈盛恍惚不見過清靈恬淡無欲遂得生還於七門飲大淵道我玄膺過清靈問我仙道與奇
方頸載白素距丹田沐浴華池生靈根被髮行之可長存二府相得開命門五味皆至開善氣還常能行之可長生
永和十二年五月廿四日五山陰縣寫

二零二一年二月吉西山逸士[illegible]

书法

黄庭经

calligraphie

Classique du Court Huang

书法 / 国画

文同墨竹图

calligraphie &
peinture traditionnelle chinoise

Peinture sur bambou à l'encre Wen Tong

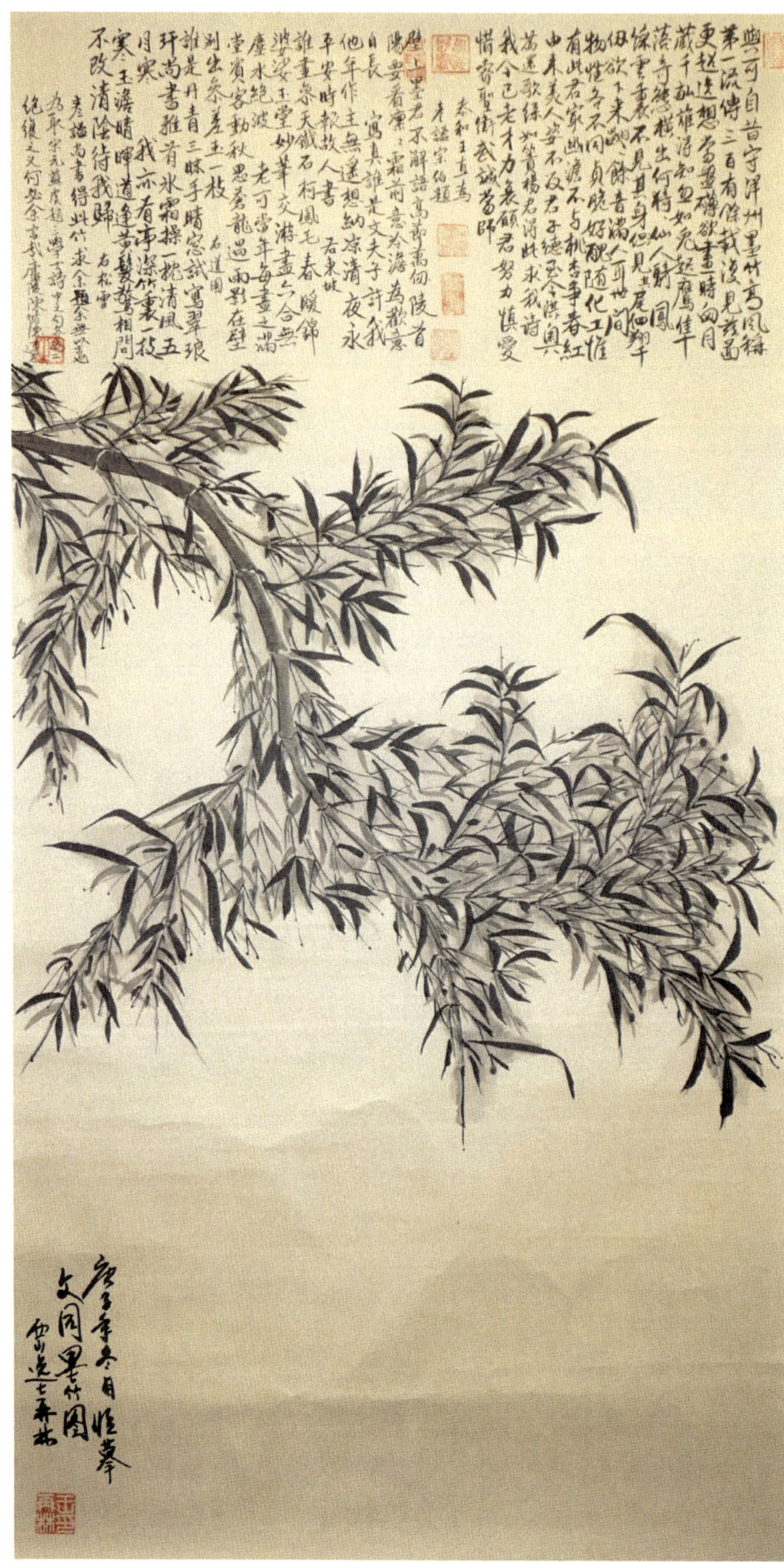

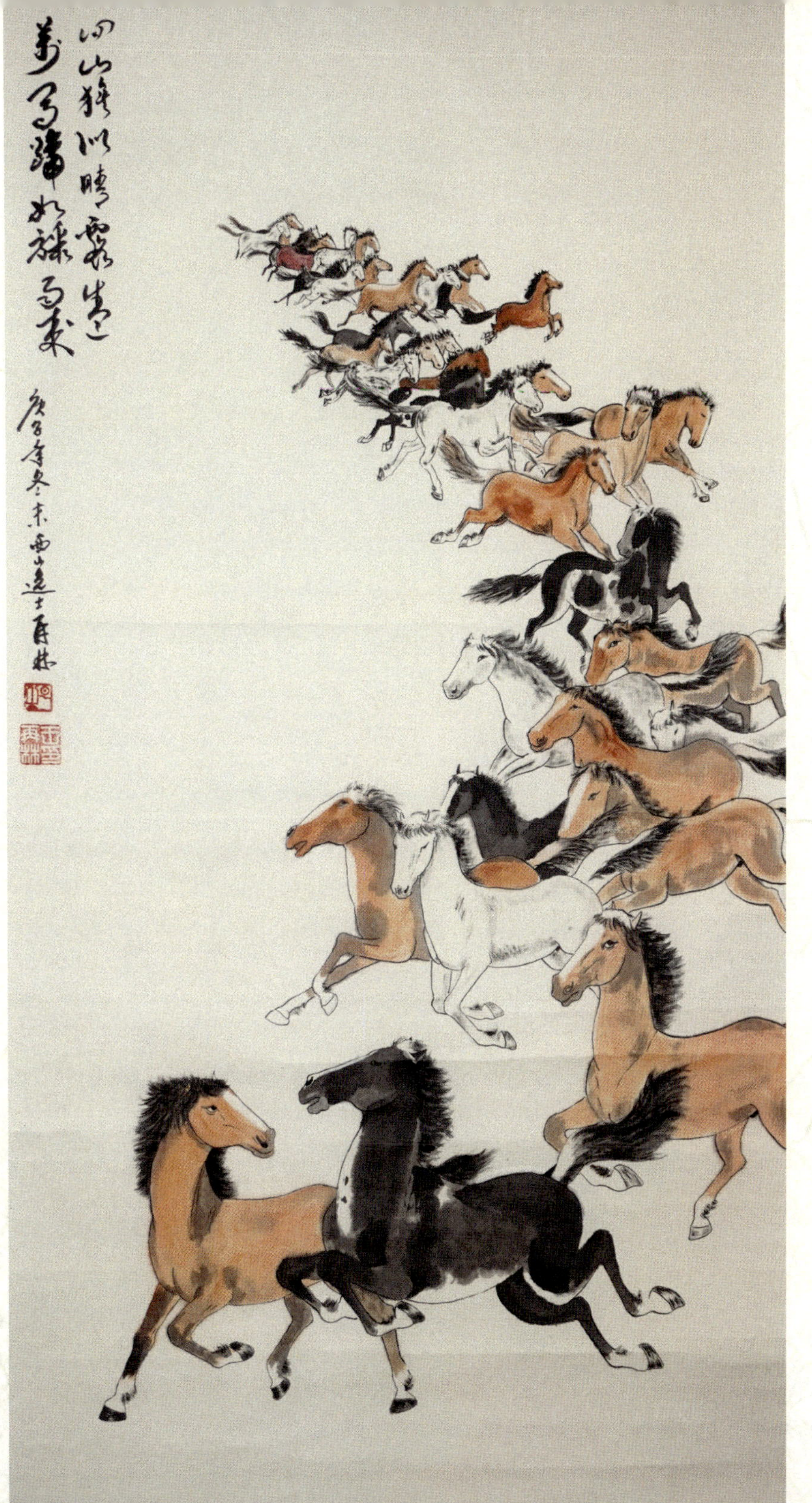

国画

骏马图

peinture traditionnelle chinoise

Les chevaux

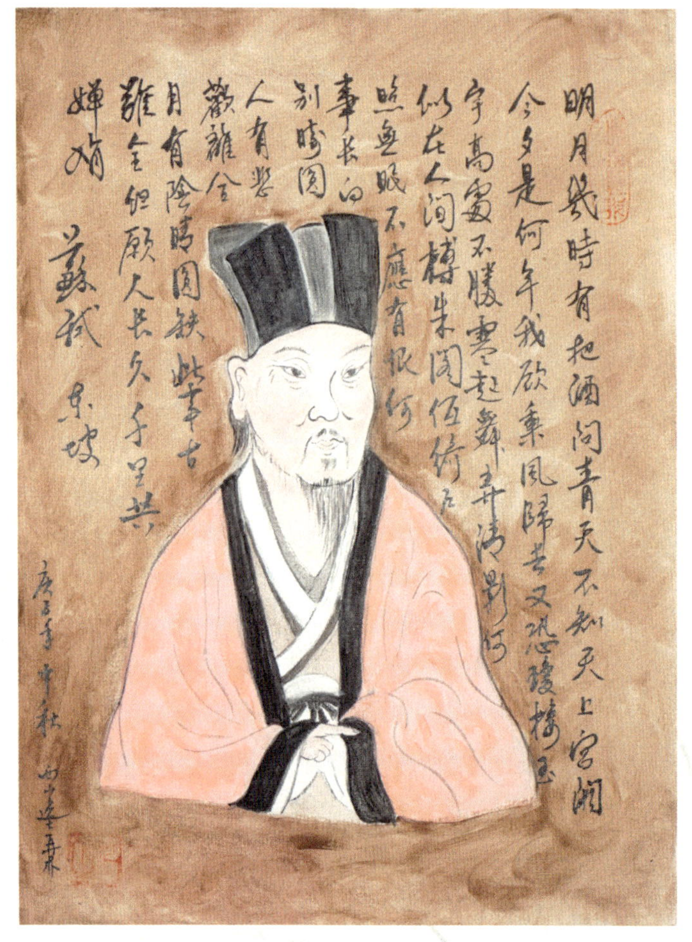

水粉画
苏轼

gouache
Su Shi

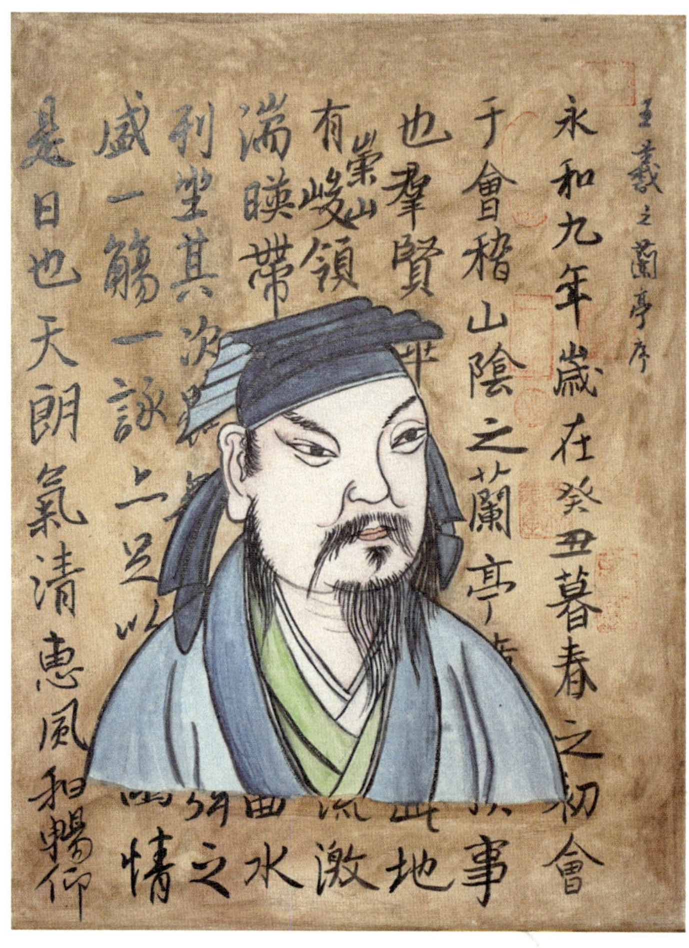

水粉画
王羲之

gouache
Wang Xizhi

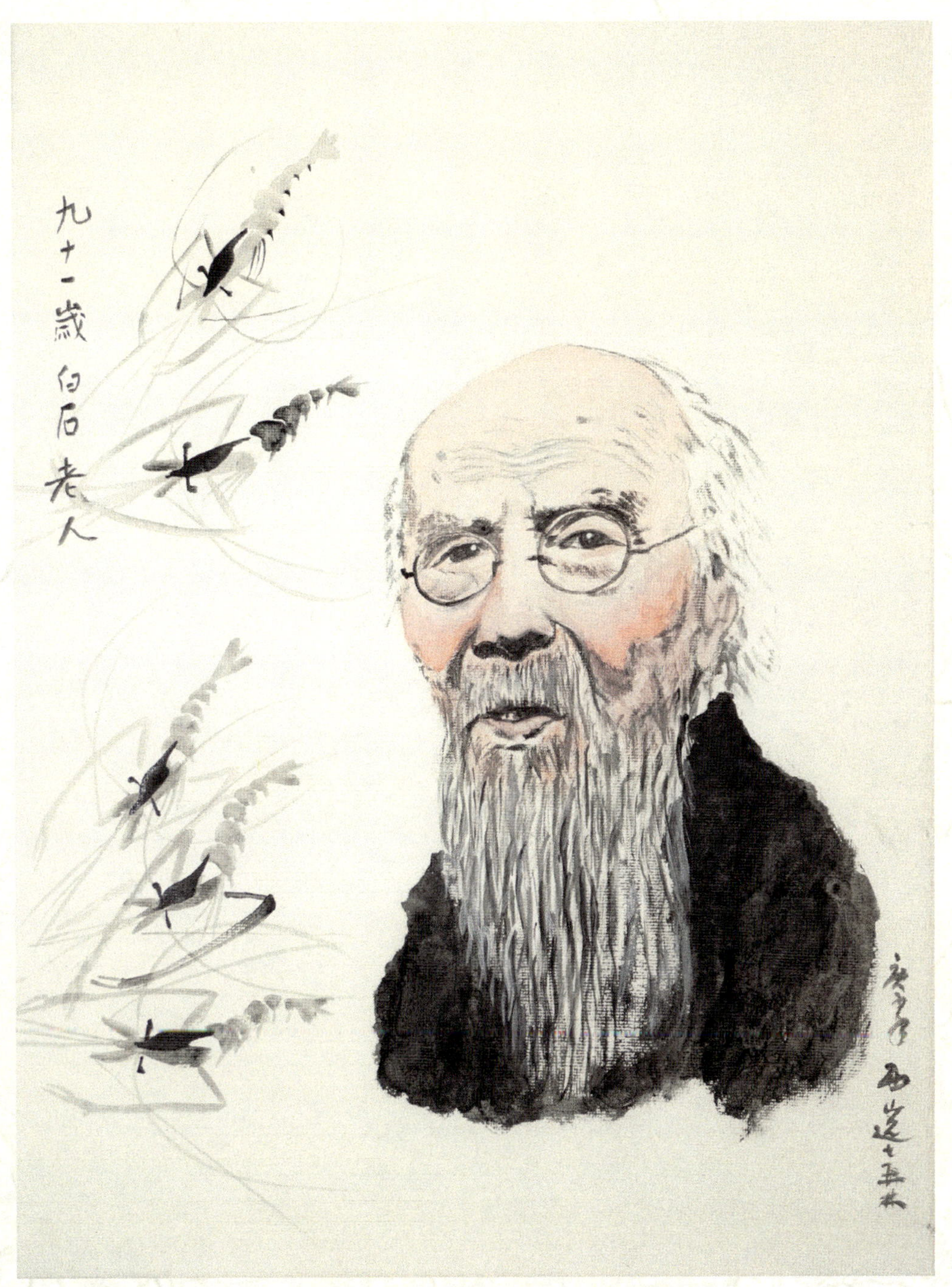

水粉画
齐白石

gouache
Qi Baishi

水粉画
樱桃

gouache
Cerises

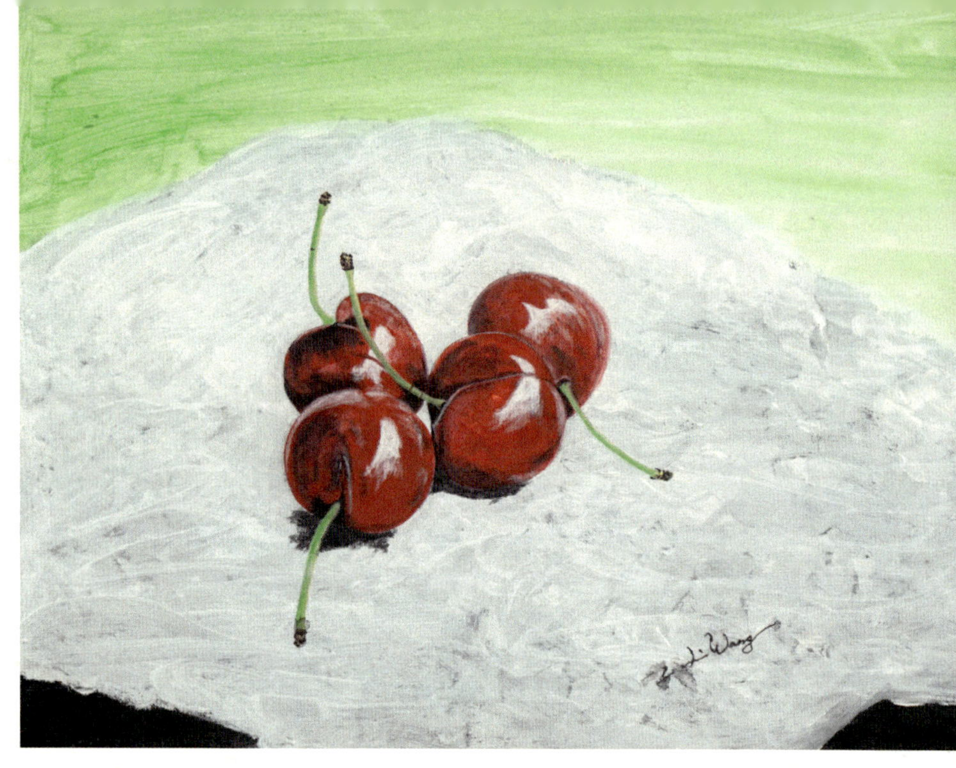

水粉画
蝉

gouache
Cigal

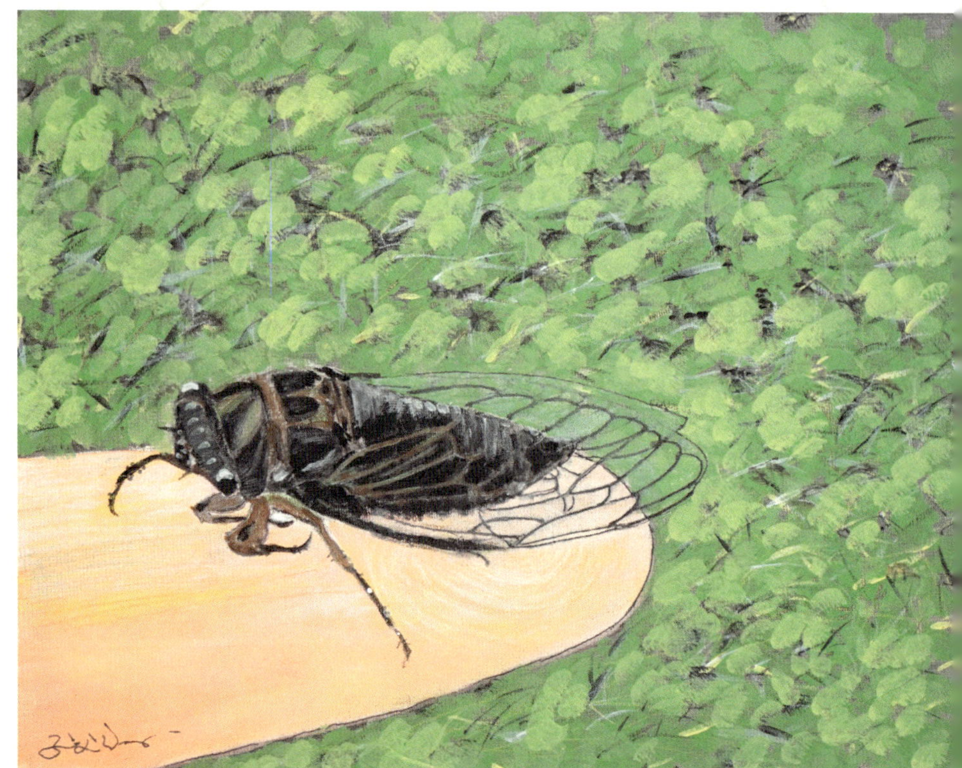

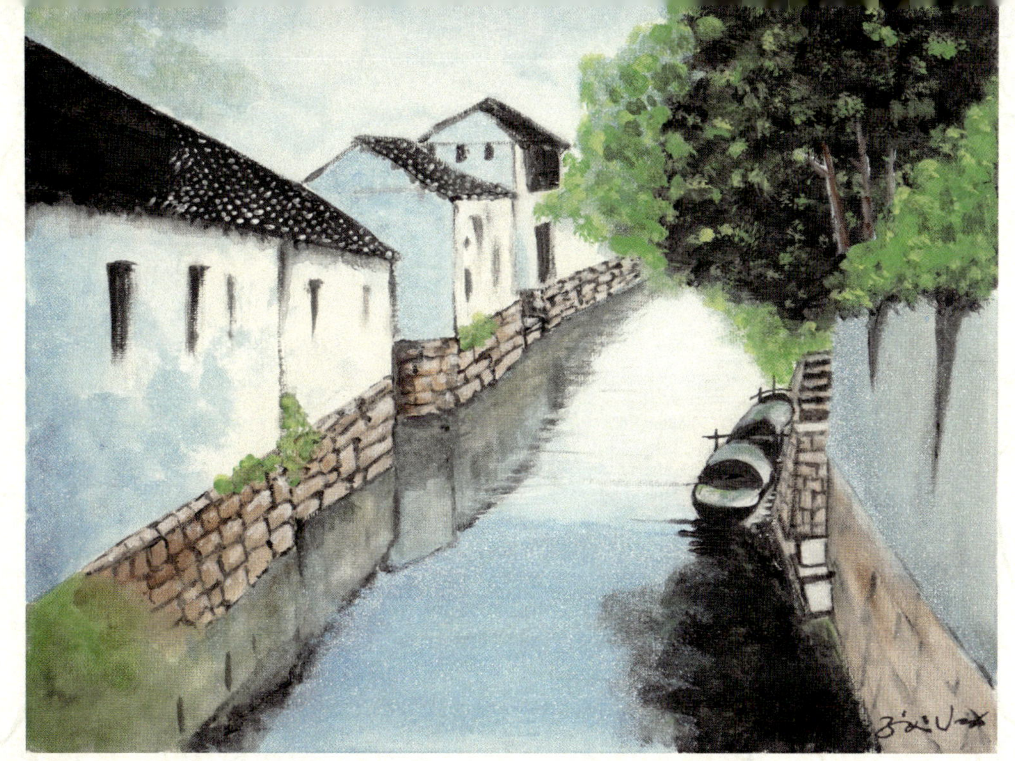

水粉画
风光

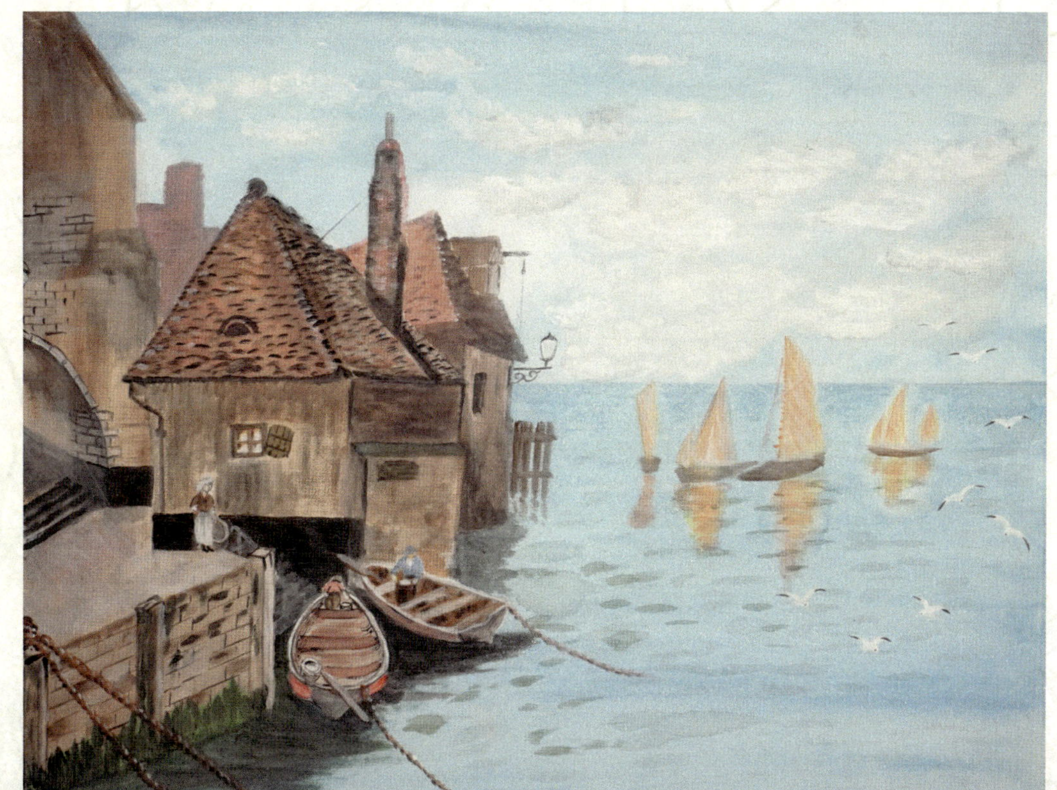

gouache
Le paysage

水粉画
无题

gouache

Sans titre

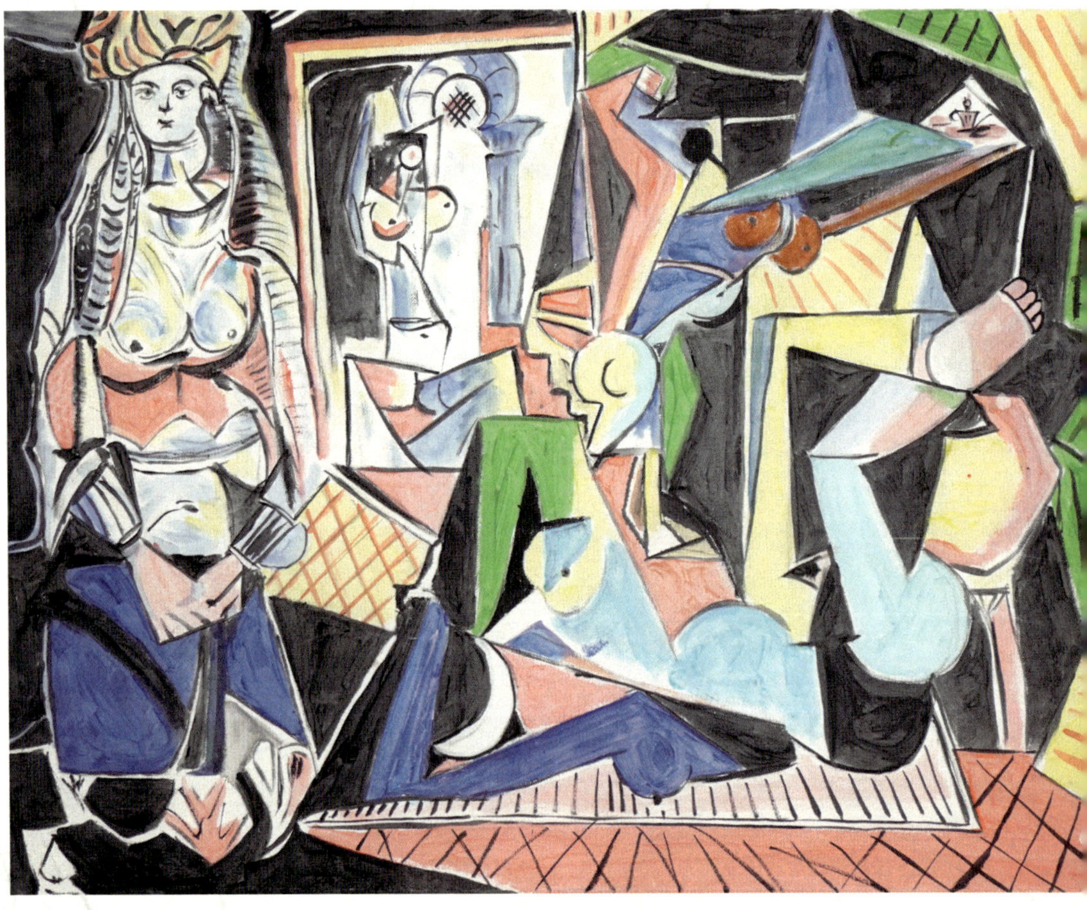

Made in the USA
Middletown, DE
09 August 2023

36203530R00031